沈阳农业大学经济管理学院学术文库
本书得到沈阳农业大学经济管理学院学术文库出版基金资助

农产品加工业时空特征变迁实证研究

——基于辽宁省农产品加工业发展

李 专 著

中国农业出版社

图书在版编目（CIP）数据

农产品加工业时空特征变迁实证研究：基于辽宁省农产品加工业发展/李专著．—北京：中国农业出版社，2017.12

ISBN 978-7-109-23583-0

Ⅰ.①农…　Ⅱ.①李…　Ⅲ.①农产品加工-加工工业-研究-辽宁　Ⅳ.①F326.5

中国版本图书馆 CIP 数据核字（2017）第 292071 号

中国农业出版社出版

（北京市朝阳区麦子店街 18 号楼）

（邮政编码 100125）

责任编辑　闫保荣

北京万友印刷有限公司印刷　　新华书店北京发行所发行

2017 年 12 月第 1 版　　2017 年 12 月北京第 1 次印刷

开本：880mm×1230mm 1/32　　印张：7.25

字数：200 千字

定价：36.00 元

前　言

农业现代化是中国农业发展的既定目标，也是实现全面建成小康社会战略目标的重要保证。农业现代化与工业化、城镇化、信息化同步发展的具体要求就是秉承产业融合发展理念，不断延伸农业产业链条，快速推进农业“接二连三”发展，最终提升农业增收能力。而农产品加工业正是实现上述发展的核心抓手。因此，对农产品加工业发展进行研究具有很强的现实意义。另一方面，在上述现实背景下，中央及各省纷纷出台政策推进农产品加工业发展，从而在全国引发各种农产品加工业发展实践探索。正是这些实践探索为开展农产品加工业相关研究提供了绝佳机会。

辽宁省作为东北老工业基地、农业大省、粮食主产区及农副食品基地，一直以来都很重视农产品加工业的发展。2003年时，辽宁省政府就出台了《关于促进农产品加工业发展的意见》推进全省农产品加工业发展。截至目前，农产品加工业已成为辽宁省第二大支柱产业。那么，辽宁省农产品加工业目前发展变迁如何，存在哪些区域空间特征，辽宁农产品加工业与全国农产品加工业之间存在什么关系，哪些因素决定了辽宁农产品加工业的发展水平等问题都是亟待回答的问题。

本书的研究目标是基于1998—2014年的统计数据，在对辽宁省农产品加工业的发展现状、行业结构及全国视角发展变迁的时空特征统计分析的基础上，建立计量模型对辽宁农产品加工业与全国农产品加工业之间的协整关系及农产品加工业发展的决定因素进行实证分析，从而为下一步发展提供实证依据。主要研究内容及结论：

(1) 对辽宁省农产品加工业的总体情况、行业结构的时间特征变迁分析结果表明：2008—2013年期间辽宁省规模以上农产品加工企业除了企业单位个数有所缩减外，资产总额、主营业务收入、全部从业人员和利税总额都呈现快速增长态势；辽宁农产品加工业具有以农副食品加工业为主，服装及其他纤维制品制造业、食品制造业为辅，其他行业兼顾的行业结构特征，且这种结构特征没有随时间发生明显的改变，具有一定的稳定性。

(2) 对辽宁省农产品加工业的省内区域空间分布特征分析表明：辽宁省14个地区产业发展差异显著，沈阳和大连的农产品加工业发展水平分别位列一、二，它们的农产品加工企业数量各占全省总数的1/5，企业工业总产值和利税贡献等方面沈阳几乎占1/3，大连占1/5，有明显的集聚效应。对2014年480家农产品加工省级龙头企业数据分析结果表明，在各方面排名前两名的还是沈阳和大连，只是大连更强。

(3) 对辽宁省农产品加工业发展水平进行全国视角的时间特征变迁分析发现：辽宁省农产品加工业在全国占有一席之地，辽宁省农产品加工业所含的2/3行业发展水平都在全国平均水平之上；相比企业单位个数优势来说，在主营业务收入、利润和税收总额等体现行业发展质量方面的优势更加明显；随着时间变迁，这种优势呈上升趋势。

(4) 利用因子分析法和协整模型考察了辽宁省和全国农产品加工业之间的关系。利用因子分析法对辽宁省和全国的农副食品加工业等 4 个主要农产品加工行业的 11 个经济指标进行降维处理和主成分提取，产生对每个行业综合发展水平刻画的综合指标。通过协整模型和格兰杰因果关系检验发现，辽宁省和全国农产品加工业之间存在长期稳定的协整关系；短期看，前者对后者的影响较为明显，而长期看，前者还在后者的发展中汲取了更多营养。

(5) 基于辽宁省 14 个地区 2010—2013 年的面板数据，对农产品加工业发展决定因素的固定效应模型分析表明：各地区的农业产出水平，工业发展水平，人力资本教育水平，金融、零售业发展程度等外在经济环境，医疗失业保险水平等外在社会环境都对其农产品加工业总产值形成显著影响。

因此，辽宁省农产品加工业发展应继续融入并努力引领全国农产品加工业发展。为此，辽宁省应继续在提高农业生产水平，提升工业的带动效应，提高市场流通便利性，健全创新创业的经济环境和社会环境方面出台相关政策；在充分考虑地区差异的条件下，继续对全省农产品加工业在 14 个地区的布局进行优化，从而实现农产品加工业的进一步繁荣发展。

目　　录

前言

第一章　绪论……………………………………………………………… 1

1.1　研究背景意义 ………………………………………………… 1

1.1.1　研究背景 ………………………………………………… 1

1.1.2　研究意义 ………………………………………………… 4

1.1.3　问题的提出 ……………………………………………… 5

1.2　研究综述 ……………………………………………………… 6

1.2.1　国外研究评述 …………………………………………… 6

1.2.2　国内研究综述 …………………………………………… 8

1.2.3　研究评述………………………………………………… 18

1.3　研究的目标及内容……………………………………………… 19

1.3.1　研究目标………………………………………………… 19

1.3.2　研究内容………………………………………………… 20

1.4　研究方法和数据来源…………………………………………… 21

1.4.1　研究方法………………………………………………… 21

1.4.2　数据来源………………………………………………… 22

1.5　技术路线………………………………………………………… 23

1.6　创新及不足……………………………………………………… 24

1.6.1　创新点…………………………………………………… 24

1.6.2　研究的不足……………………………………………… 24

第二章　相关界定与理论基础 …… 26

2.1　相关概念界定 …… 26

2.1.1　农产品及农产品加工 …… 26

2.1.2　农产品加工业 …… 26

2.2　相关行业界定 …… 27

2.3　理论基础 …… 31

2.3.1　产业组织理论 …… 31

2.3.2　绝对优势理论 …… 32

2.3.3　比较优势理论 …… 33

2.3.4　要素禀赋论 …… 33

2.3.5　不平衡增长理论 …… 34

2.3.6　发展极理论 …… 34

第三章　辽宁省农产品加工业发展及行业特征 …… 36

3.1　规模以上行业发展现状 …… 37

3.1.1　总体发展 …… 37

3.1.2　规模以上农副食品加工业情况 …… 41

3.1.3　规模以上其他加工业情况 …… 44

3.2　行业结构特征 …… 53

3.2.1　行业类别 …… 54

3.2.2　经济结构 …… 58

3.2.3　行业规模 …… 74

3.3　本章总结 …… 79

第四章　辽宁省农产品加工业的区域分布：空间特征 …… 81

4.1　加工企业的区域分布特征 …… 82

4.1.1　企业数量 …… 82

4.1.2 生产能力 …… 83
4.1.3 利税贡献 …… 88
4.1.4 出口贸易 …… 90
4.2 省级龙头企业区域分布特征 …… 93
4.2.1 区域数量分布 …… 94
4.2.2 区域经济总量及占比 …… 95
4.3 本章总结 …… 99

第五章 全国视角辽宁省农产品加工业变迁：时间特征 …… 101

5.1 基于全国的辽宁省农产品加工业变迁 …… 102
5.1.1 时间特征变迁 …… 102
5.1.2 辽宁地位的“翻转” …… 110
5.2 细分行业全国发展视角 …… 113
5.2.1 十二大类行业情况 …… 113
5.2.2 行业贡献 …… 144
5.3 本章总结 …… 145

第六章 辽宁省与全国农产品加工业的关系分析：基于因子分析和协整模型 …… 147

6.1 数据、思路和方法 …… 148
6.1.1 数据 …… 148
6.1.2 思路 …… 148
6.1.3 方法 …… 149
6.2 计量分析 …… 153
6.2.1 农副食品加工业 …… 153
6.2.2 食品制造业 …… 166
6.2.3 橡胶和塑料制品业 …… 170
6.2.4 木材加工和竹藤棕草制品业 …… 174

6.3 本章总结 …………………………………………………… 178

第七章 农产品加工业发展的决定因素分析 …………… 181

7.1 数据说明 …………………………………………………… 181
7.2 理论逻辑 …………………………………………………… 182
7.2.1 农业发展水平与农产品加工业 ……………… 183
7.2.2 工业发展水平与农产品加工业 ……………… 185
7.2.3 固定资产投资与农产品加工业 ……………… 186
7.2.4 居民收入水平与农产品加工业 ……………… 187
7.2.5 人力资本水平与农产品加工业 ……………… 188
7.2.6 外围经济环境与农产品加工业 ……………… 189
7.2.7 外围社会环境与农产品加工业 ……………… 190
7.3 计量分析 …………………………………………………… 191
7.3.1 模型设定 ………………………………………………… 191
7.3.2 估计方法 ………………………………………………… 193
7.3.3 估计结果 ………………………………………………… 194
7.3.4 稳健性检验 ……………………………………………… 201
7.4 本章总结 …………………………………………………… 203

第八章 结论及建议 ………………………………………………… 206

8.1 研究结论 …………………………………………………… 206
8.2 对策建议 …………………………………………………… 207

主要参考文献 ……………………………………………………… 212

第一章 绪 论

1.1 研究背景意义

1.1.1 研究背景

农产品加工业关联农业、工业和流通业，承工启农、联城带乡，是国民经济的重要产业，它与“三农”天然的血缘地缘关系，国家历来高度重视农产品加工业发展。改革开放以来特别是21世纪以来，我国农产品加工业取得了快速发展，成为横跨三产业、汇聚多个行业、牵动就业增收和满足消费需求的基础性、战略性、支柱性产业。据国家统计局统计，2003—2013年，农产品加工业规模以上企业主营业务收入从2.63万亿元增加到17万亿元，年均增长20%以上，成为国民经济中最具成长活力的产业之一。

当前，我国农业由传统农业向现代农业转型，国内外的实践证明，农产品加工业是现代农业的重要组成部分和重要的标志，是现代农业建设的关键环节。种植业、养殖业还是哪一个农产品，想要持续发展都需要加工环节的引领和带动。农产品加工业已成为社会必需的、涉及千家万户的大产业，是涉及国计民生的大产业，是永不落幕的朝阳产业。

21世纪以来的历年中央1号文件都强调促进农产品加工业发展，中央制定的各项“三农”政策逐步向农产品加工领域覆盖(杨绍品，2014)；2002年，国务院办公厅印发了关于促进农产品加工业发展的意见，赋予农业部门管理、指导农产品加工业发展和牵头制定相关政策的职责；2012年，国务院印发了关于支持农业产业化龙头企业发展的意见，就完善扶持政策、强化指导服务进行了全面安排；农产品加工增值税和所得税优惠范围逐步扩大；2012 年农产品产地初加工补助政策启动实施；2015 年中央 1 号文件强调，要支持粮食主产区发展粮食加工业；落实和完善相关税收优惠政策，支持农民合作社发展农产品加工流通；推进以设施农业和农产品精深加工为重点的新兴产业技术研发；加快发展主产区大宗农产品现代化仓储物流设施，完善鲜活农产品冷链物流体系，等等。这些都为农产品加工业发展提供了有力的政策保障。

近年来，随着国家对农产品加工业发展的关注以及相关产业政策的支持，农产品加工业进入了快速发展的新阶段，2013 年，农产品加工规模以上企业达 7 万多家，规模以上农产品加工业实现主营业务收入 17 万亿元，利润超过 1.2 万亿元，同比分别增长 14%和 16%；大中型加工企业主营收入占到全行业的 50%以上。年收入超过百亿元的农产品加工企业超过 20 家。固定资产投资达到 3.4 万亿元，同比增长 23%，增速高于同期制造业的增长。同时，农产品加工业加速向优势农产品主产区和大城市集聚。初步形成了一批农产品加工产业集群，形成了一批名牌产品和驰名商标。校企合作、产学研结合加快了技术的推广与创新，涌现出一批具有自主知识产权的新技术、新装备，产业的自主创新能力和核心竞争力得到全面提升。

在发展的同时，不难看出，农产品加工也面临诸多现实问题。原料产品基地建设滞后，原料品质差、供应没有保障，收购、加工混乱。产业结构布局不合理，分散、小规模、不聚集，尚未形成产业集聚效应。企业技术、条件落后，缺少自主研发，专业技术人才缺失，加工设施简陋、工艺落后。仓储物流建设水平不高，仓储、加工、配送环节缓慢，物流业跟不上加工产业发展。行业恶性竞争、农产品加工企业融资难、加工成本高等问题都亟待解决。

但总的看，我国农产品加工业从小到大，已发展成为产业关联度高、行业覆盖面广、带动作用强的基础性、支柱性产业，成为延长农业产业链、就业链和效益链，拉动农业农村经济和县域经济发展新的增长极。随着城乡居民收入水平的提高和消费结构的不断变化，我国农产品加工业在今后相当长的时间内将继续保持快速发展的势头。

近年来，辽宁省委、省政府高度重视发展农产品加工业，把农产品加工业确定为振兴辽宁老工业基地的三大支柱产业之一，制定了《辽宁省人民政府关于促进农产品加工业发展的意见》、《辽宁省农业产业化和农产品加工推进行动实施意见》等政策，并专门成立了省农产品加工行业发展推进小组，有力推动了全省农产品加工业快速发展。

截至 2014 年末，辽宁省规模以上农产品加工企业达到 3 758 个[①]，实现主营业务收入 8542 亿元；占全省规模以上工业企业主营业务收入比重的 17%；全省农产品加工业总产值 8 953.6 亿元，占全省比重 19.5%；完成出口交货值 942 亿元；实现利税总额 658 亿元。省级以上龙头企业 736 家，其中主营业务收入超过 100 亿元的有 1 家，超过 50 亿元的有 6 家，过 30 亿元的有 10 家，实现利税 105 亿元；带动农户达到 766 万户，农民人均从产业化链条中获得收入比上年增长 8%～10%。农产品加工业从业人员中 70%以上是农民，为农民人均纯收入贡献了 25%以上，广大农民从农产品加工产业链中普遍获得实惠。涌现了一批知名企业和知名品牌。像禾丰牧业、富虹油品、辉山乳业、华润雪花等知名企业在国内外市场已经形成了竞争力，像雪花啤酒、老边饺子、中街冰点、辉山乳品、香雪面粉、利是大米、华丰家具等已经被消费者耳熟能详。

① 辽宁省农委加工局《农产品加工业发展报告》(2015)。

面临“十三五”开局之年，农产品加工业迎来了更广阔的发展空间和巨大的发展潜力，面对新的机遇与挑战，如何更快地促进农产品加工业持续健康发展，值得探讨和研究。借此，本书将对辽宁省农产品加工业发展的时空特征变迁作基础性的研究工作，并且对其决定因素做规范的定量分析。

1.1.2 研究意义

（1）农产品加工业很重要，但缺少系统的定量研究，开展农产品加工业发展实践的时空探索具有一定的现实意义

农业现代化是中国农业发展的既定目标，也是实现全面建成小康社会战略目标的重要保证。农业现代化与工业化、城镇化、信息化同步发展的具体要求就是秉承产业融合发展理念，不断延伸农业产业链条，快速推进农业“接二连三”发展，最终提升农业增收能力。而农产品加工业正是实现上述发展的核心抓手。农产品加工扩大了农业生产的内涵和外延，延伸了农业产业链条，整合了农业资源，提高了农业生产资源效益和农产品的附加值。作为农业产业化的关键环节，农产品加工业的快速发展促进了农产品生产和消费市场的发展，同时也推动了农业和农村经济整体效益的提高，为国民经济增长做出了巨大的贡献。因此，对农产品加工业发展的时空特征变迁进行研究具有很强的现实意义。另一方面，在上述现实背景下，中央及各省纷纷出台政策推进农产品加工业发展，从而在全国引发各种农产品加工业发展实践探索。正是这些实践探索为开展农产品加工业相关研究提供了绝佳机会。

（2）辽宁省农产品加工业在其经济中地位显著，作为老工业基地，发展现代农产品加工业有其特殊性和一般性，具有很强的理论意义

辽宁省是老工业基地和农业大省，老工业基地的振兴，必须以农业现代化为支撑，而在现代农业巨大产业链中起着至关重要

作用的是现代农产品加工业。经过30多年的改革与发展，辽宁省农业生产力水平有了显著提高，主要农产品实现了由短缺到自给有余的历史性跨越。农产品加工业已经成为促进农民增收，推动县域经济发展和全省农村工业化、城镇化建设颇具潜力的经济增长点。辽宁省作为东北老工业基地、农业大省、粮食主产区及农副食品基地，农产品加工业的发展直接影响辽宁乃至东北经济发展，借振兴东北的机遇以及辽宁沿海经济带发展的规划，辽宁省农产品加工业将迎来最好的发展机遇。

辽宁省历来重视农产品加工业发展，农产品加工业有丰富的统计数据基础，虽然没有系统的定量研究，但充分的资料来源为开展研究奠定了基础。

（3）通过对辽宁省农产品加工业发展的时空特征变迁研究，也为其他省份乃至全国的农产品加工业发展提供经验借鉴

本书以辽宁省的农产品加工业发展为研究对象，运用《中国统计年鉴》、《辽宁省统计年鉴》数据和辽宁省农委实时监测数据，在现状评价基础上，从辽宁省农产品加工业发展变迁的时空特征出发，对辽宁省农产品加工业全国发展水平、区域布局等进行深度研究，并利用相关计量模型探讨辽宁农产品加工业与全国农产品加工业之间的协整关系，对影响农产品加工业发展的决定因素进行深入剖析。通过本书研究，一方面，为辽宁省农产品加工业发展提出总体思路与具体可操作性的指导建议；另一方面，在研究辽宁的同时，也希望借此为其他省份乃至全国的农产品加工业发展提供经验借鉴。

1.1.3　问题的提出

辽宁省农产品加工业发展成就是巨大的，但目前发展变迁的时空特征如何？在全国角度看，辽宁省农产品加工业是一个什么样的发展水平？辽宁农产品加工业与全国农产品加工业之间存在

什么关系？哪些因素决定了辽宁农产品加工业的发展水平？等等。这些基本问题尚待系统研究，定量的实证研究更不多见。为此，本书尝试回答下面问题：

（1）辽宁省农产品加工业总体发展及行业结构特征；

（2）辽宁省的农产品加工业在省内 14 个地区上的区域分布空间特征；

（3）基于全国视角，辽宁省的农产品加工业总体发展的时间特征变迁；

（4）辽宁省与全国农产品加工业协整关系；

（5）不同地区、不同行业的农产品加工业发展的决定因素。

本书尝试利用相关统计数据对这些问题进行定性及定量分析。

1.2 研究综述

1.2.1 国外研究评述

（1）基础理论研究

在国外，尤其是一些相对发达国家，他们的农产品加工业起步较早，农产品加工业发展很快，已经非常成熟，相关学者在农产品加工业方面的研究比较成熟，文献资料也较丰富。从他们研究状况来看，比较早的基础理论主要包括绝对优势理论、比较优势理论、要素禀赋论、发展极理论、不平衡增长理论等农产品加工相关理论。Adam Smith 作为古典经济学的鼻祖早在 1776 年《国民财富的性质和原因的研究》中提出绝对优势理论。认为财富的增长要寻求自己的绝对优势或绝对利益。David Ricardo 在 1817 年《政治经济学及赋税原理》中以亚当·斯密创立的劳动价值理论为基础，提出了比较优势理论。要考虑比较成本来选择生产，不同区域可以利用自身的比较优势来发展适合自己经济最大化的商品生产，以换取贸易利益。Heckscher-Ohiln 基于李嘉图的理论框架在1933年《区域贸易和国际贸易》提出要素禀赋论。认为要素禀赋决定相对存量的要素供给，因此，不同国家应该生产并出口要素资源丰富的产品，并进口要素资源稀缺的产品。Albert Otto Hirschman在1958年《经济发展战略》中提出不平衡增长理论。主张发展中国家应集中有限的资金和资源，去优先发展某些产业领域，以其经济增长作为发展动力，逐步促进和实现其他产业的发展。Francois Perroux在1955年提出发展极理论。认为经济发展时、空都不是均衡分布的。经济的发展应以与其他部门的关联效应较强的推进型产业形成“发展极”，集中于某些区域以较快速度优先发展，然后通过其影响力和辐射作用带动所在地区和行业发展。到20世纪30年代以后，产业组织理论出现，以美国哈佛学派以新古典经济学派的价格理论为基础，提出了SCP范式，并分析三者之间的关系以市场结构S为重点，结合市场行为C和市场绩效P构造SCP结构框架。到20世纪70年代以后，随着产业经济学的发展，形成了一类沿着SCP框架继续发展的新产业组织学和另一类以芝加哥学派为首的其他非主流产业组织理论。现代产业结构理论在20世纪50—60年代得到了快速发展，期间出现了建立投入产出分析体系的美国经济学家Wassily Leontief（1966），他为研究社会生产各部门之间相互依赖关系，特别是系统地分析经济内部各产业之间错综复杂的交易提供了一种实用的经济分析方法。Keith Marsden（1998）在《农产品加工业政策回顾》中也比较系统地介绍了世界各国对农产品加工业发展的趋势和政策倾向。

（2）农产品加工的相关研究

国外对农产品加工业和加工企业的发展都作了比较系统的研究，包括农产加工业发展的政策、作用、影响因素等领域的相关研究，农产品加工企业供应链、出口绩效、组织管理模式等领域的相关研究等。Moses（1958）基于产品理论和区域理论研究为农产品加工业的形成和发展提出了新的思路途径。之后 20 世纪 80 年代 Lausehner R（1980）、James E Austin（1981）、Araujo P F C（1983）分别从农产品加工产业部门、中印等发展中国家农产品加工业发展影响因素、农产品加工业与区域经济发展的关系问题等方面对农产品加工业进行了深入分析，提出了各自观点。到了 90 年代后，James G Brown（1994）、Vasant Gnadhi（2001）等从发展中国家农产品加工企业的管理问题和组织管理模式等角度对农产品加工业的发展进行了深入分析和研究。Keith Marsden（1998）从各个国家对农产品加工业的政策支持为落脚点进行了深入研究。Gerhard Scehiefer（2002）、Ingrid Hunt（2005）对食品加工企业的质量、环境、供应链等食品综合加工与利用进行了深入的探讨和研究。

进入 21 世纪以来，农产品加工得到了更进一步的深入研究，主要体现在 Lauschner R（2010）、Winhorst Hans-Wilhelm（2010）对农产品加工与农业工业化的关系进行了研究，认为农产品加工业是农业工业化发展的基础。James G Brown（2011）从行为视角对农产品加工业进行了深入分析和探讨，总结并评价了农产品加工业所表现出来的行为，并对农产品加工业为社会和经济做出的巨大贡献给予了肯定和认同。Keith Marsden 等（2011）作为世界粮农组织成员也从泰国农产品加工业政策变迁，分析了泰国农产品加工业发展中的影响因素，并指出国家政策不可忽视的作用，提出了各个国家要给予农产品加工业政策上的扶持与倾斜，从货币政策、汇率政策以及财政政策等方面来支持农产品加工业的发展。

1.2.2 国内研究综述

（1）对农产品加工业发展问题的研究

我国学者对农产品加工业的研究开始于 20 世纪 90 年代，大多是借鉴国外相关学者的思想，集中在农产品加工业的发展模式，发展现状，在发展中存在的主要问题及相关解决对策等。关于农产品加工业发展问题方面主要有以下学者做了如下研究：农业部软科学委员会课题组（1999）对我国农产品加工做了简要回顾，分析了中国农产品加工业发展现状、特点及存在问题，指出农产品加工业发展的意义与潜力，提出促进农产品加工业发展的思路及政策措施。戴小枫、杜彦坤（2002）提出我国农产品加工业发展的国际、国内背景，并就我国农产品加工业发展的现状与瓶颈做了深入的探讨和分析。李瑾、李树德（2002）构建了农产品加工业发展综合评价指标体系，并以此对天津市农产品加工业的发展进行了综合评价。葛毅强、陈颖（2003）在介绍我国农产品加工业发展现状的基础上，分析了制约农产品加工业发展的主要问题，提出科技对我国农产品加工业发展的支撑作用。吕敏（2003）概括了我国农产品加工业发展的总量特征、结构特征、布局特征和产业组织特征，并对中国农产品加工业组织模式，尤其是“农产品加工企业＋农户”模式的运行进行了评析，并结合发达国家农产品加工业的发展规律和趋势，提出我国农产品加工业发展的政策建议。姜会明（2005）总结了吉林省农产品加工业发展的基本规律，同时，采用竞争力评价指标体系从横向角度对吉林省农产品加工产业竞争力进行了评价。邱丽敏（2008）、魏益民等（2009）在对我国农产品加工业发展的现状和趋势进行分析中，运用相关数据进行比较分析，指出我国农产品加工业有望到 2015 年达到发展中国家领先水平，接近发达国家的中下等水平。鄂玉江、梅晓岩（2009）对辽宁农产品加工业的现状进行了分析，提出农产品深加工业的发展趋势及推进辽宁农产品深加工业的政策措施。李民、陈清祥（2011）对农产品加工业发展趋势与对策进行了探析指出从资金和政策上给予农产品加工业优惠，帮助中小企业、专业合作社快速发展。吕杰（2011）在辽宁省农产品加工业发展论坛会上指出，农产品加工业是发展辽宁农业农村经济的重要载体，要对辽宁省农产品加工业发展重新审视，包括农产品加工业的功能定位，农产品加工业的发展形式及发展对策。周琴（2012）运用因子多元统计分析方法，构建了湖南省农产品加工业发展评价模型指标体系，提出了湖南省农产品加工业的发展方向、发展布局。

上述研究者基本上都是基于农产品加工业发展角度，提出其发展现状及存在问题，构建相关指标体系，提出农产品加工业的发展方向、发展布局和对策。

（2）对农产品加工业发展金融支持的研究

关于农产品加工业发展金融支持问题方面主要有以下学者做了如下研究：杜彦坤（2002）提出通过政策性金融支持农产品加工业发展。陈作明（2006）对我国现行农产品加工业税收政策进行了分析，总结了美国、欧盟、日本等几个具有代表性的发达国家扶持农产品加工业发展的主要做法提出完善我国农产品加工业税收政策建议。孙志亮、杨焕玲（2007）借鉴欧盟国家税收政策的经验，指出采取税收扶持政策促进农产品加工业的发展。徐海波（2008）以公共财政理论为指导，探讨农产品加工业财政扶持的思想，对扶持政策的预期绩效进行了分析，对扶持政策的模式进行了选择。李晓伟（2013）分析了我国农产品加工企业融资困境提出要不断完善企业融资服务，从金融部门、企业自身、政府管理部门以及市场、社会中介服务机构等多方并举，搭建社会化服务平台，破解农产品加工企业融资困境。

（3）对农产品加工业发展战略及竞争力的研究

关于农产品加工业战略及竞争力方面，主要有以下研究：马成武（2006）运用迈克尔·波特的竞争优势理论和钻石模型进行分析，并构造出一个竞争力优势的指标测度体系，以分析吉林省农产品加工业中各产业的竞争力强弱。刘彩云、马殿云、张润清

(2007) 选取12项能够反映竞争力的指标运用因子分析法，对河南省农产品加工业的竞争力进行实证分析。万尚钦（2009）以我国中部5省和东（南）部4省为比较对象，用SWOT分析法，分析了湖南农产品加工业发展的优势、劣势、机遇和挑战。并提出相关非均衡梯度推进战略。靖飞、宋莉（2009）对辽宁农产品加工业产业化发展模式进行了分析。任碧芳（2010）运用了相关经济学理论对湖南省农产品加工业竞争力问题进行了实证研究，找出农产品加工业竞争力在发展中存在的问题，最后提出有针对性的解决建议。段慧兰（2007）、董燕萍（2009）、郝薇薇（2011）、田砚（2011）、蔡娟（2013）、王振惠（2013）等分别对湖南农产品加工业竞争力、江苏农产品加工业区域竞争力、山西农产品加工业竞争力、新疆特色优势农产品加工业竞争力、海南农产品加工业的竞争力、福建省农产品加工业竞争力进行了研究，并借此提出各自观点及对策建议。丁建松、翟印礼、李大兵（2012）对辽宁农产品加工业竞争力影响因素进行了深入分析，剖析了辽宁省农产品加工业竞争力不强的根本原因，并借此提出相关解决对策建议。

（4）对区域农产品加工业发展的研究

农产品加工业的区域发展研究，是文献中出现较多的，多为硕士、博士学术论文，李学灵（2007）、朱丽娟（2010）、陈蕾（2013）分别从安徽农产品加工对经济发展影响、承接农产品加工业转移、农产品加工业竞争力等角度进行了探讨。刘李峰、武拉平、王炳焕（2006）对北京市农产品加工业发展进行了SWOT分析，并提出战略选择。高晨晨（2014）对德惠市农产品加工业发展问题进行了研究。郑平（2010）、王振惠（2013）、彭顺审（2013）分别对福建省九地市农产品加工业竞争力、发展现状和对策提出了各自观点。郭智强、陈强强等（2012）就甘肃省农产品加工业竞争力进行了评价研究。李梦茹（2011）、曹明玉（2015）

对广西农产品加工业发展、广西农产品加工业发展推进路径进行了探讨。徐铮（2008）对河北省农产品加工业结构优化进行了研究。韩丹丹（2010），孙新东（2012），王亚伟、陈振、王瑞（2012）分别对河南省农产品加工主导产业、河南省农产品加工业发展做了相关研究。韩艳旗、韩非、王红玲（2014）基于1993—2012年的统计数据，从企业数量、从业人员、经济效益、行业结构、农产品加工业产值与农业总产值的比重、龙头企业与品牌6个方面对湖北省农产品加工产业基础进行分析，并且从市场潜力、比较优势度、专门化率和产业关联度4个方面对湖北省农产品加工业综合发展能力进行测算。周中林（2005）、龙梅（2007）、周琴（2012）分别就湖南农产品加工业发展战略、湖南省农产品加工业的现状分析与发展对策进行了探究。刘春泉（2007）、董燕萍（2009）、战炤磊（2012）对江苏省农产品加工业发展、江苏农产品加工业区域竞争力以及集群视角的江苏农产品加工业发展路径做了研究。

其他省市关于农产品加工业发展的研究也很多，在此不一一表述，在东北三省农产品加工研究较多的是吉林省，黑龙江和辽宁省较少。赵艳滨（2007）对黑龙江省农产品加工业国际竞争力进行了研究。高显皓（2014）对佳木斯市农产品加工业的产业分析及管理政策进行了探讨和研究。姜会明（2005）、王振华（2011）、张瑜（2013）、周涛（2013）等分别从吉林省农产品加工业发展、吉林省农产品加工业效率、吉林省农产品加工业的产业组织、吉林省农产品加工产业集群发展模式不同视角进行了深入的研究，提出了各自观点。王艳华、王军、张越杰（2010）基于Malmquist生产率指数对吉林省农产品加工业全要素生产率变动进行了实证研究。在辽宁省，刘乃军（2006）对阜新农产品加工业集群化发展环境进行了研究。张海来（2011）对盘锦市农产品加工业发展进行了研究。黄贺（2013）对庄河市农产品深加工产业发展现状与对策进行了分析。对于全省农产品加工业进行系统研究的基本没有。

在对国外农产品加工研究方面，兰徐民（2003）由美国柑橘提出我国应大力发展农产品加工业。周淑景（2006）对法国农产品加工业发展特点与经验借鉴进行了分析和探讨。孙志亮、杨焕玲（2007）借鉴欧盟国家税收政策的经验，指出采取税收扶持政策促进农产品加工业的发展。刘合光、刘悦等（2009）就中美农产品加工业发展进行了比较研究。王海波（2012）就泰国农产品加工业发展的经验与启示进行了分析。

（5）对农产品加工质量安全的研究

关于农产品加工质量安全方面主要有以下研究：王强（2001）提出我国农产品加工质量标准体系发展现状、重点及对策。黄坚毅（2008）对农产品质量管理信息系统进行研究。指出农产品生产、流通、加工企业的质量管理信息系统的不完善，农产品质量信息的不对称，导致市场机制失灵，要构建整个农产品供应链的农产品质量管理信息系统。杨艳涛（2008）对我国目前农产品加工业发展的特点，农产品质量安全现状进行了分析，并对产生我国加工农产品质量安全警情的警源进行了分析，根据所做的“加工农产品质量安全指标体系专家咨询问卷调查”问卷建立了预警指标体系，并对加工农产品质量安全进行预警分析。周到、李军生（2012）对农产品加工质量安全标准体系进行了探索，指出要建立和不断地完善标准体系。杨子刚、宁艳波、王明东（2013）对吉林省农产品加工企业质量安全生产行为进行了调查并提出影响企业实施质量安全生产的主要因素。郭艳丽（2006）、佟树岩（2013）分别就农产品质量安全追溯体系进行了分析。陈通、李志方（2014）基于集体声誉视角出发，采用演化博弈模型对GI农产品加工企业的质量标准采纳行为进行了分析，并提出了自己的观点。赵文波（2009）、刘释元（2015）基于供应链视角对农产品质量安全问题进行了研究。张蓓（2015）对农产品生产加工企业质量安全控制行为进行了研究。从供应链主体、供应链协同和供应链环境维度构建了质量安全控制的行为理论模型，并通过对广东省的实地调查，对农产品生产加工企业质量安全控制行为进行描述性统计分析。

（6）对农产品加工产业集群的研究

关于农产品加工产业集群方面的研究很多，尤其是近几年，更多学者关注该领域的相关问题，并进行了系统深入的探讨，具体研究如下：黄飞、熊志东（2007）对促进农产品加工产业集群化与城镇化协同发展进行了深入分析。张霞（2008）以我国农产品加工业统计年鉴数据对我国农产品加工产业集群的发展历程、现状及问题进行分析，对我国农产品加工产业的集聚程度进行测算；同时，结合浙江和湖北农产品加工产业集群的发展案例，对农产品加工产业集群的形成动因、成长机理进行求证，并借此形成结论，提出促进农产品加工产业集群发展的对策建议。周涛、王娟（2009）对产品加工产业集群模式进行了分析，并对农产品加工产业集群模式进行了创新，构建了三种农产品加工产业集群模式。秦建军、武拉平、闫逢柱（2010）基于中国农产品加工业地理集聚对产业成长的影响进行了实证分析。霍影（2011）基于黑龙江省农产品精深加工产业集群的分析，建立以资源旋度、集群周期、利导政策及经济增量为集群因子的四维坐标体系，对其产业集群的升级路径进行深入剖析并形成其产业集群四维旋度螺旋的升级路径。乔朋华、王维（2011）运用 DEMATEL 方法甄选出影响农产品加工集群的要素，并利用黑龙江省农产品加工集群统计数据，验证了农产品加工集群主要影响要素的可靠性。郎付山（2011）通过对不同阶段集群的衰退风险进行比较分析，以孟州市皮毛加工产业集群为例系统分析了农产品加工产业集群衰退风险，并提出了应对集群衰退风险的政策建议。胡坤、项喜章

(2011) 对产品加工产业集群模式从产业集群成长升级的角度出发，将农产品加工产业集群模式分为3种类型，并比较了不同类型产业集群在集群驱动力、企业规模和价值链等方面的差异。项喜章、吴素春、胡坤（2011）对我国农产品加工产业集群地域性及行业性方面进行了分析，提出我国农产品加工以初加工为主，地区发展不平衡等问题。吴显亮（2013）基于GEM模型对黑龙江垦区农产品加工产业集群竞争力进行了指标评价。程玉桂（2013）基于生态位理论对农产品加工产业集群内企业竞合关系进行了系统分析。周涛、刘继生（2013）在综合分析吉林省农产品加工产业集群分布及产值情况基础上，比较分析了其农产品加工产业集群发展模式，并借此提出集群组织形式的创新发展模式。邓宗兵、吴朝影等（2014）运用产业集中度、EG系数和空间自相关系数等方法，研究了2003—2011年中国农产品加工业地理集聚的时空特征和变化趋势，指出农产品加工业总体具有显著的地理集聚特征，不同行业的地理集聚存在显著差异，东部地区仍是主要集聚区，但呈现出向中部地区集聚的趋势，部分行业高度集聚在少数省份。

通过上述分析可以看出，农产品加工产业集群的相关研究大多集中在对农产品加工产业集群成因、布局、发展模式、集群技术创新、协调发展优化升级等领域的研究。有定性的分析，也有定量的研究，有进行模式创新，构建发展模式的，也有构建指标体系进行竞争力评价，也有产业集群风险分析的。

(7) 对农产品加工业技术创新的研究

关于农产品加工产业技术创新方面具体研究如下：杜彦坤（2000）对我国农产品加工业技术创新现状、问题及产业化发展进行了系统分析。董文（2004）基于我国农产品加工业发展问题及落后的根源的深刻剖析，提出了我国农产品加工业技术创新的总体模式和发展策略。卢良恕、魏益民（2004）提出了加快农产品加工技术创新体系建设的具体建议。王东（2007）利用主成分分析法对 11 个省的农产品加工业创新能力进行了分析，提出建立吉林省农产品加工业创新能力培育体系。赵燃、骆乐、韩鹏（2008）运用 1999—2005 年中国农产品加工业 12 个行业的面板数据，提出中国农产品加工业全要素生产率增长主要源自技术进步，国有及国有控股企业的企业规模对全要素生产率有较显著的正影响。问杨会、汪希成（2008）提出了我国农产品加工业技术创新的总体模式和重点，并从明确技术创新主体、选择技术研究内容、建立和完善技术创新成果转化机制等方面提出了构建农产品加工业技术创新机制的基本思路。崔超、吴林海（2009）基于层次分析方法，运用技术创新能力的评价指标体系对我国农产品加工业技术创新能力进行了综合评价。任爱莲（2009）分析了农产品加工业技术创新推广、创新体系制度保障、以大学为核心的知识传播以及适应市场规律的创新服务四个子系统，并分别提出在这四个子系统中农产品加工业创新系统良性运行的措施。王艳华、王军、张越杰（2010）基于 Malmquist 生产率指数，对吉林省农产品加工业全要素生产率变动进行了系统的深入分析。郭利京、胡浩和杨丽（2011）在对我国农产品加工产业关联特征进行分析中运用投入产出分析法，对我国农产品加工业和其他产业之间的关系进行分析，分析我国农产品加工业和相关产业的关联特征。谢文（2011）以乳制品业为例，对农产品加工业技术创新链的运行机制进行研究。王振华（2011）通过采用 HMB 指数及 Tobit 模型，对吉林省农产品加工业效率的研究，提出吉林省农产品加工业要注重技术创新，加强资本要素的投入和合理布局，促进农产品加工业与农业的有效对接。钱丽晓（2012）指出我国农产品加工业的科技创新能力明显不足，并在国内外技术创新能力总结分析的基础上，以山东地区为例对其农产品加工业技术创新的影响因素进行了深入分析，构建了技术创新能力层次机构模型和评价体系。麻帅（2013）基于能级跃迁模型对黑龙江省农产品加工业技术变迁进行了深入研究，最后从技术自主创新、新产品开发等方面，提出了推动农产品加工业产业技术升级策略。宋帅官、李秀兰、李青（2015）基于 DEA 方法，运用投入产出数据对 2009—2012 年辽宁农产品加工业全要素生产率情况进行技术效率评价，提出辽宁全要素生产率不断提高得益于产业技术进步，但需提高科学化管理水平和行业集中度来提高生产效率。

（8）对农产品加工业产业组织的研究

陈会英（2004）从点、线、面三维分析视角研究农产品加工产业规模经济、纵向关联经济和集群经济三大竞争优势，并提出了行业协会培育与产业组织政策的基本理论框架和具体运作规范。张晓（2007）从农业区域经济发展角度分析，建立陕西农产品加工业发展的组织模式、结构模式和布局模式，为我国区域性农产品加工业的发展提供参考。韩丹丹（2011）通过对河南省农产品加工业发展状况以及主导产业及其相关理论的研究，构建了河南省农产品加工业的评价指标体系，并用因子分析的方法进行实证研究，选择出河南省农产品加工业的主导产业。程广斌（2008）以 SCP 理论范式为基本分析框架，对新疆农副食品加工等五个主要农产品加工行业的市场结构、市场行为和市场绩效进行了较为深入的实证分析，在实证分析的基础上，完善了测度市场绩效的指标体系，深入探讨了市场竞争的有效性问题，提出产业组织优化要与整体规模扩张同时并举的观点。张瑜（2013）也运用 SCP 范式，通过对吉林省农产品加工业市场结构、市场行为、市场绩效进行分析，提出以优化产业组织结构，提高其市场集中度，扩大产品差别化来提高企业市场绩效。张锋（2013）对中国饲料加工业产业组织进行了研究。测定我国饲料加工业的集中程度和市场结构类型，分析了我国饲料加工业过度分散市场结构的产业成因，并就制度环境下的中国饲料加工企业市场行为、产业组织绩效与效率进行实证分析。提出制度环境影响下的区域性分散市场结构是形成中国饲料加工业较低市场集中度现状的主要原因。

(9) 对农产品加工业产业贸易的研究

刘明、刘晓红（2006）分析了我国当前农产品加工贸易中存在的问题，并提出相关对策建议。刘倩（2007）对我国农业加工贸易发展的特点及原因进行了分析。张彩霞（2010）基于1982—2006年时间数据，对外商直接投资对中国农产品出口贸易结构的影响进行了实证分析。吴学君（2010）对中国农产品产业内贸易的影响因素及效应进行了系统分析和探讨，提出合理引导外商直接投资、推进区域经济一体化进程、推进中国农产品物流业发展等措施推进中国农产品产业内贸易的发展。许烜（2011）分析了湖南农产品加工贸易的发展现状及存在的问题，提出了促进农产品加工贸易快速发展的对策建议。许烜、冉玲玲（2011）对湖南省农产品加工贸易产业结构升级影响因素的实证分析，认为技术进步对湖南省农产品加工贸易产业链的整体提升有一定作用。徐明峰（2012）对全球农产品贸易与中国农产品国际竞争力进行了比较研究，详细比较了中国和处于不同发展阶段的有代表性的亚洲国家的农业发展模式、农业产业政策。杨梦佳（2013）基于中国农产品产业内贸易发展现状进行实证分析，指出消费需求因素对加工农产品产业内贸易指数及垂直型产业内贸易指数具有影响作用。

1.2.3 研究评述

国内外农产品加工领域的研究较全面，包括农产品加工业发展、战略选择、供应链、融资体系的研究；以及农产品加工业政策、产业组织绩效、产业竞争力、产业集群、产业发展模式的研究；还有对农产品加工质量安全、技术创新、产业贸易等领域的研究；也有运用统计年鉴、面板数据对区域农产品加工产业发展的实证分析；也有案例分析及系统定量分析的，针对具体各个省份的相关实证研究也不少。

但是从文献中看出，其他省市关于农产品加工业发展的研究很多，在东北三省农产品加工研究较多的是吉林省，黑龙江和辽宁省较少。辽宁省的研究多集中在区域农产品加工业发展现状、战略选择的分析及产业集群的研究，而对辽宁省农产品加工业进行实证分析的很少，辽宁省是老工业基地、农业大省、粮食主产区及农副产品基地，研究辽宁省农产品加工业发展有很强的现实及理论意义，这也正是本书的出发点和立足点。

1.3　研究的目标及内容

1.3.1　研究目标

本书研究的总目标是在辽宁省区域农业资源和区域经济发展条件下，对“十五”、“十一五”和“十二五”期间辽宁省农产品加工业发展变迁进行梳理，从纵向（时间特征）和横向（行业间、区域间的空间特征）两个维度，分析辽宁省农产品加工业的发展变迁，考察辽宁省和全国农产品加工业之间的协整关系，探讨影响辽宁省农产品加工业发展的决定因素，重新审视东北老工业基地农产品加工业发展问题。具体目标如下：

（1）基于年鉴数据，分析辽宁省农产品加工业随时间变化发生的变迁，及辽宁省农产品加工行业结构特征，以期找到辽宁省农产品加工业优势主导产业，为产业优化升级提供战略支撑。

（2）基于实时监测数据，分析辽宁省农产品加工业空间区域分布特征，审视辽宁省农产品加工业区域发展优势，为区域产业分工及合理布局提供科学依据。

（3）基于年鉴数据，分析辽宁省农产品加工业全国发展水平，以期明确辽宁省农产品加工业在全国的地位，为地区产业发展提供参考借鉴。

(4) 利用因子分析法和协整模型考察辽宁省和全国农产品加工业之间的协整关系。

(5) 基于相关经济指标，构建计量模型，实证分析影响辽宁省农产品加工业的决定因素。为制定辽宁省农产品加工业发展政策找到精准发力点。

1.3.2 研究内容

本书在相关的理论基础之上，运用《中国统计年鉴》、《辽宁省统计年鉴》时间序列数据及辽宁省农委提供的实时动态监测数据，对辽宁省农产品加工业的发展变迁时间特征、行业区域空间分布特征及决定因素进行详细的定性及定量分析，以期获得相关分析结论，为相关部门提供科学决策和政策建议提供参考。

本研究主要内容包括以下几个方面：

第一部分，绪论。主要介绍背景及研究辽宁省农产品加工业发展的现实理论意义，国内外相关研究成果及综述，主要研究内容和方法等。

第二部分，相关概念界定与理论基础。界定农产品加工相关概念、相关行业，并提出本书的理论基础。

第三部分，辽宁省农产品加工业总体发展及行业结构特征。运用《辽宁省统计年鉴》2008—2013 年相关数据，对辽宁省农产品加工业从纵向时间维度，“统、分”层面分行业的发展情况展开具体描述性统计分析，并形成相关结论。

第四部分，辽宁省农产品加工业的区域分布空间特征分析。利用辽宁省 2010—2014 年农委实时监测数据，从横向空间维度，对辽宁省 14 个地级市农产品加工区域发展情况展开描述性统计分析，并利用 2014 年 480 家农产品加工龙头企业的监测数据进一步对这些企业的个数、产值、利税等方面的区域分布特征进行描述性统计分析。

第五部分，全国视角辽宁省农产品加工业发展水平的时间特征变迁。利用1998—2013年《中国统计年鉴》和《辽宁统计年鉴》时间序列相关数据，运用描述性统计分析按行业对辽宁和全国的每个行业展开详细比较。

第六部分，辽宁省与全国农产品加工业的关系分析：基于因子分析和协整模型。利用因子分析法对辽宁省和全国的农副食品加工业等4个主要农产品加工行业的11个经济指标进行降维处理和主成分提取，产生对每个行业综合发展水平刻画的综合指标。然后，利用协整模型和格兰杰因果关系检验，考察辽宁省和全国农产品加工业之间的协整关系。

第七部分，农产品加工业发展的决定因素分析。利用2010—2013年统计年鉴及实时监测数据组成的面板数据，建立计量模型，实证分析农产品加工产业发展的决定因素，进而为下一步的发展政策提供实证依据。

第八部分，相关结论及政策建议。

1.4 研究方法和数据来源

1.4.1 研究方法

主要研究方法：研究运用Stata统计分析软件，对《中国统计年鉴》、《辽宁省统计年鉴》时间序列数据及相关部门监测数据，对辽宁省农产品加工业发展变迁进行梳理和定性、定量分析，具体研究方法包括：

（1）描述性统计分析方法

对辽宁省农产品加工业总体及细分行业发展变迁全貌描述性统计分析。主要包括：运用统计年鉴对辽宁省农产品加工业从时间维度“统、分”层面分行业发展情况展开具体描述性统计分析；运用统计年鉴及部门实时监测相关数据，对辽宁省14个地市农产品加工业的区域分布空间特征描述性统计分析；利用1998—2013年《中国统计年鉴》和《辽宁省统计年鉴》时间序列相关数据，对辽宁省农产品加工业发展水平基于全国视角进行描述性统计分析。

（2）比较研究分析方法

一方面基于辽宁省不同区域比较，分析辽宁省农产品加工业发展区域空间特征；另一方面基于全国视角，从时间维度分析辽宁省农产品加工业发展水平及所处地位。

（3）计量模型分析方法

第一，运用统计年鉴及相关监测数据，对辽宁省与全国农产品加工业的关系构建分析协整模型，利用因子分析，并进行格兰杰因果关系检验，考察辽宁省和全国农产品加工业之间的协整关系。第二，对辽宁省农产品加工业发展决定因素进行固定效应模型实证分析，寻找影响辽宁省农产品加工业发展的决定因素，并借此探讨促进辽宁省农产品加工业发展的政策建议。

1.4.2 数据来源

本书所使用数据来源于两个部分：

第一，年鉴数据，主要包括《辽宁省统计年鉴》（1998—2014年）。这些数据包括辽宁省1998—2013年期间规模以上的农产品加工业发展情况；辽宁省14个地区的农业发展、工业发展、教育水平和社会民生保障水平等所有可能会对农产品加工业发展产生影响的变量。例如，沈阳、大连等14个地区的工业企业利润总额、粮食产量、肉类总产量和失业保险全年参保人数等变量。

《中国统计年鉴》（1998—2014年）。这些数据包括1998—2013年农副食品加工业、食品制造业、纺织业等12大农产品加工行业的全部规模以上工业企业主要指标。这些指标包括企业单位数、工业总产值、资产总计、主营业务收入、利润总额和利税总额等方面。按照相关标准，这 12 大类行业基本覆盖了农产品加工业的方方面面，对其具有很好的代表性。

第二，辽宁省农业委员会年度监测数据。包括全省沈阳、大连、鞍山等 14 个地区所有农产品加工企业数量、生产能力、利税贡献和出口贸易等主要经济指标。这些经济指标基本反映了当地农产品加工产业的发展水平。还包括辽宁省农委加工局 2014 年省级以上农业产业化重点龙头企业中农产品加工企业情况调查数据。数据库覆盖沈阳、大连等 14 个地区的 480 家龙头企业，主要监测内容涉及这些企业的年加工能力、主营业务收入、利润和纳税总额以及企业是否上市等信息。

1.5 技术路线

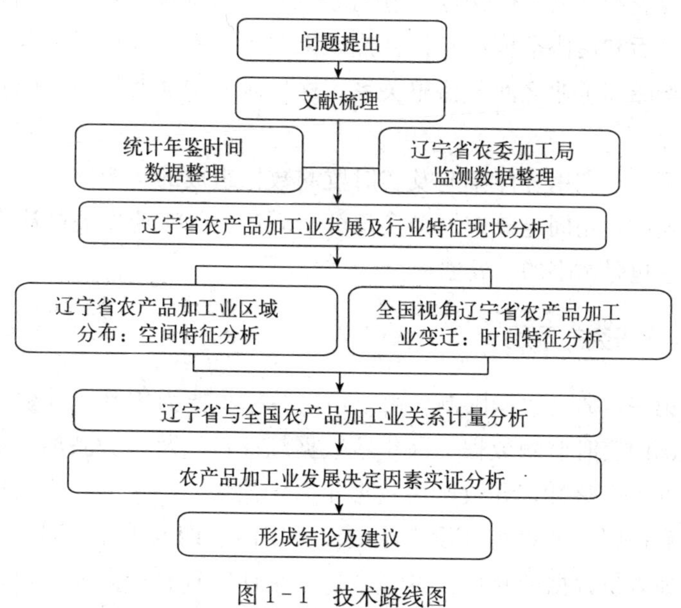

图 1-1 技术路线图

1.6 创新及不足

1.6.1 创新点

本书利用权威的统计数据及实时监测数据对辽宁省农产品加工业时空特征变迁进行系统的定性、定量分析，并较早尝试利用计量模型对辽宁省与全国农产品加工业的关系及辽宁省农产品加工业的决定因素进行实证分析。主要创新点：

第一，对辽宁省农产品加工业发展从区域分布的空间特征及全国视角发展变迁的时间特征上进行统计分析，重新审视东北老工业基地农产品加工业发展问题，管窥行业发展全貌，力求有所创新。

第二，利用因子分析法对辽宁省和全国的农副食品加工业等 4 个主要农产品加工行业的 11 个经济指标进行降维处理和主成分提取，然后利用协整模型和格兰杰因果关系检验，考察辽宁省和全国农产品加工业之间的协整关系，这种研究本身就是一种创新性的研究。

第三，利用统计年鉴及实时监测数据组成的面板数据，建立计量模型，用固定效应模型实证分析农产品加工业发展的决定因素，这也是本书的一处创新。

1.6.2 研究的不足

第一，研究数据限制。由于使用数据主要为年鉴统计数据和相关部门实时监测数据，因年鉴数据统计口径及农产品加工数据统计的不完整性，导致所用数据年度无法统一。在定量研究环节也因数据因素的可得性没有将更多决定因素纳入研究。同时，限于其他省份数据的获取，本书主要立足辽宁省农产品加工业发展进行分析，没有将辽宁省农产品加工业与其他省份进行比较分析，也没有站到全国角度去研究农产品加工业发展的决定因素。

第二，没有对辽宁省关联产业做系统分析。限于数据获取，本研究只对辽宁省农产品加工细分行业进行分析，没有对农产品加工业关联产业从全产业链视角作深入系统分析。

第三，时空特征的形成机理论述不足。因数据资料关系，本书仅在时空特征变迁的分析基础上，对决定因素进行了实证研究，并没有对其形成的机理进行深入阐述，这也是本书的不足之一。

以上不足希望后续研究中得以完善。

第二章　相关界定与理论基础

2.1　相关概念界定

2.1.1　农产品及农产品加工

不同的学者对农产品有不同的定义，国际也尚无统一明确的绝对权威的定论。2004 年 9 月 1 日印发的《国务院关于进一步加强食品安全工作的决定》中，同时确定了农产品和食品的概念，其中农产品是指种植业、养殖业产品，食品是指经加工、制作的产品；《中华人民共和国农产品质量安全法》中法定的农产品，则是指来源于农业的初级产品，包括动物、植物、微生物及其产品。

本书按照国际和国内普遍认可的说法给出农产品定义概括如下，农产品是指动植物、微生物通过自身生长繁殖而获得的产品，包括食用和非食用两个方面。

农产品加工是以农产品为对象，对农产品生物属性及外观进行物理及化学改变的过程，这里包括农产品的初级加工制成半成品的生产过程，也包括对农产品深加工成品制成成品的生产过程。这种生产加工过程包括物理机械的加工、也包括化学的加工和生物的加工。

人们习惯按照农产品的原料，划分农产品加工，比如粮食加工、果蔬加工、畜禽加工、油料作物加工、肉蛋制品加工、乳制品加工、特色农产品加工等。

2.1.2　农产品加工业

农产品加工业是指对农业部门提供的初级产品或中间产品，通过物理、化学和生物学的方法，对其生物属性及外观进行生产加工的工业部门。一般来说，农产品加工企业分为食物加工类（如食品、饮料、饲料等）和非食物加工类（如棉、麻、竹、木、皮革、橡胶等）。从加工的程度又分为农产品初加工、深加工和精加工企业。

根据中国国家统计局的分类，一般地把农产品加工业分为狭义的农产品加工业和广义的农产品加工业。广义的农产品加工业是以农、林、牧、渔产品及其加工品为原料所进行的工业生产活动。狭义的农产品加工业是指以人工生产的农业物料和野生动植物资源及其加工品为原料所进行的工业生产活动。狭义的农产品加工业局限于食品工业（包括农副食品加工业、食品制造业、饮料制造业和烟草制造业）。

为便于数据统计分析，本书中“规模以上农产品加工业”等提法均是按照国家统计年鉴的标准划分界定的。

2.2 相关行业界定

农产品加工业在国际上有传统的界定，主要依据根据联合国国际工业分类标准，按该标准将农产品加工业划分为5类：食品、饮料和烟草加工业；纺织、服装和皮革工业；木材和木材产品包括家具加工制造业；纸张和纸产品加工；印刷和出版业；橡胶产品加工业。

本书中所使用的行业划分均以新国家标准《国民经济行业分类》（GB/T 4754—2011）为基准，《国民经济行业分类》国家标准1984年发布，1994年、2002年、2011年进行了修订，并已于2012年开始按新的分类标准使用。在该国家标准中规定了全社会经济活动的分类与代码，基于该国家标准，本书对涉及的相关行业做如下界定。

行业（或产业），在《国民经济行业分类》中做了如下定义，是指从事相同性质的经济活动的所有单位的集合。划分原则采用的是经济活动的同质性，即每一个行业类别按照同一种经济活动的性质划分。确定单位行业归属是按照单位的主要经济活动确定其行业性质，当同一单位从事两种以上的经济活动时，按照主要活动确定单位的行业。

在新的《国民经济行业分类》中，农产品加工业属于制造业门类C下的子行业，按照统计年鉴上行业的划分，与农产品加工业有关包括12个行业，分别为：农副食品加工业、食品制造业、饮料制造业、烟草制品业、纺织业、纺织服装鞋帽制造业、皮革毛皮羽绒及其制品业、木材加工及竹藤棕草制品业、家具制造业、造纸及纸制品业、印刷业记录媒介的复制和橡胶制品业。2012年后统计年鉴中将橡胶和塑料制品业是合在一起统计的。具体行业部门及细分如表2-1。

表2-1　农产品加工业所属12个行业划分

大　类	类别名称	大　类	类别名称
农副食品加工业	谷物磨制	饮料制造业	酒精制造
	饲料加工		酒的制造
	植物油加工		软饮料制造
	制糖		精制茶加工
	屠宰及肉类加工	烟草制品业	烟叶复烤
	水产品加工		卷烟制造
	蔬菜、水果和坚果加工		其他烟草制品加工
	其他副食品加工	纺织业	棉、化纤纺织及印染精加工
食品制造业	焙烤食品制造		毛纺织和染整精加工
	糖果、巧克力及蜜饯制造		麻纺织
	方便食品制造		丝绢纺织及精加工
	液体乳及乳制品制造	纺织服装、鞋、帽制品业	纺织服装制造
	罐头制造		纺织面料鞋的制造
	调味品、发酵制品制造		制帽
	其他食品制造		

（续）

大　类	类别名称	大　类	类别名称
皮革、毛皮、羽毛（绒）及其制品业	皮革鞣制加工	造纸及纸制品业	纸浆制造
	皮革制品制造		造纸
	毛皮鞣制及制品加工		纸制品制造
	羽毛（绒）制品加工及制品制造	印刷业和记录媒介的复制	印刷
			装订及其他印刷服务活动
木材加工及木、竹、藤、棕、草制品业	锯材、木片加工		记录媒介的复制
	人造板制造	橡胶制品业	轮胎制造
	木制品制造		橡胶板、管、带的制造
	竹、藤、棕、草制品制造		橡胶零件制造
家具制造业	木质家具制造		再生橡胶制造
	竹、藤家具制造		日用及医用橡胶制造
	金属家具制造		橡胶靴鞋制造
	塑料家具制造		其他橡胶制品制造
	其他家具制造		

资料来源：据 2011 年《国民经济行业分类》整理。

按照辽宁省统计年鉴把农产品加工业细分为 33 个行业，分别为：农副食品加工业、“纺织服装、服饰业”、纺织业、造纸和纸制品业、“酒、饮料和精制茶制造”、木制品制造、木质家具制造、印刷、皮革毛皮羽毛及其制品和制鞋业、罐头食品制造、中药饮片加工、“调味品、发酵制品制造”、焙烤食品制造、中成药生产、方便食品制造、食品及饲料添加剂制造、乳制品制造、天然植物纤维编织工艺品制造、冷冻饮品及食用冰制造、肥皂及合成洗涤剂制造、营养食品制造、保健食品制造、“糖果、巧克力及蜜饯制造”、其他家具制造、其他未列明的食品制造、“竹、藤、棕、草等制品制造”、装订及印刷相关服务、烟草制品业、纤维素纤维原料及纤维制造、“地毯、挂毯制造”、动物胶制造、“鬃毛工、制刷及清扫工具的制造”、“竹、藤家具制造”。

为了统一口径，本书按照辽宁省33个细分行业所归属的12大类行业来归类，具体行业划分如表2-2。

表2-2 辽宁省农产品加工业33个细分行业所属12大类行业划分

行业类别	行业名称
农副食品加工业	农副食品加工业
	肥皂及合成洗涤剂制造（非食用植物油加工）
服装及其他纤维制品制造业	纺织服装、服饰业
	天然植物纤维编织工艺品制造
	纤维素纤维原料及纤维制造
纺织业	纺织业
	地毯、挂毯制造
造纸和纸制品业	造纸和纸制品业
饮料制造业	酒、饮料和精制茶制造
	冷冻饮品及食用冰制造
烟草制品业	烟草制品业
家具制造业	木质家具制造
	竹、藤家具制造
	其他家具制造
皮革毛皮羽绒及其制品业	皮革毛皮羽毛及其制品和制鞋业
	鬃毛加工、制刷及清扫工具的制造
食品制造业	焙烤食品制造
	糖果、巧克力及蜜饯制造
	方便食品制造
	乳制品制造
	罐头食品制造

（续）

行业类别	行业名称
食品制造业	调味品、发酵制品制造
	营养食品制造
	保健食品制造
	食品及饲料添加剂制造
	其他未列明的食品制造
	动物胶制造
木材加工及竹藤棕草制品业	木制品制造
	竹、藤、棕、草等制品制造
印刷业记录媒介的复制	印刷
	装订及印刷相关服务

特别说明的是，文中 33 个细分行业分类严格按照新修订的《国民经济行业分类》中行业的划分进行所属 12 大类行业归类。另外，《辽宁省统计年鉴》中，辽宁省 33 个细分行业中没有统计橡胶制品业，因此本书在阐述辽宁省农产品加工业行业情况时，也没有将橡胶制品业统计在内，也就是说，辽宁省农产品加工 33 个细分行业所归属的 12 大类行业中只有 11 个。

2.3　理论基础

农产品加工业已经发展成为我国经济发展中的一项重要产业，大力发展农产品加工业，是一项规模、效益更高的产业。农产品加工业的发展，显然有其值得参考和借鉴的理论基础。

2.3.1　产业组织理论

20 世纪现代制造业企业兴起后，产业组织被学者提出来，马歇尔最早提出了产业组织的概念。早期学者将“产业”和“制造业”等同，把产业视为生产同一或相似产品的企业集合。他们以分工和协作为基础讨论了产业组织中的内部经济和外部经济，工厂规模和经济规模。而现代产业组织理论则以此为基础构架了整个产业组织的主要问题，更加强调了产业组织中的厂商结构和行为。传统的产业组织理论1960年以贝恩为代表，主要涉及厂商之间经济行为和关系，强调市场结构对行为和绩效的影响作用。新产业组织理论则出现在1970年后，大量引入了新的分析方法，包括可竞争市场理论、博弈论、新制度理论（产权理论和交易成本理论）、信息理论，通过整合厂商内部组织和外部关系，进一步考察了厂商行为的多重复杂关系。

本书基于产业组织视角，对辽宁省农产品加工业发展变迁从行业结构和区域分布进行审视，该理论为本书的研究提供了基本的理论界定。

2.3.2 绝对优势理论

亚当·斯密（Adam Smith）作为古典经济学的鼻祖最早提出绝对优势理论。其在1776年出版的代表作《国民财富的性质和原因的研究》（《国富论》）中提出，绝对成本是某两个国家之间生产某种产品的劳动成本的绝对差异，各国家有各自的绝对成本。基于这一原则，劳动需要进行分工，这样可以提高劳动生产率，形成绝对优势或绝对利益。斯密认为，各国都有对自己有利的生产条件，这种条件源于有利的自然禀赋或后天的有利条件，基于此，各国应进行国际分工，去生产自己绝对优势或绝对利益的产品，通过贸易交换自己需要的不具有绝对优势的产品，使各国的资源、劳动和资本得到最有效的利用，通过国际分工和贸易增加国民财富。该理论的提出为分工及国际贸易提供了论证，财富的增长要寻求自己的绝对优势或绝对利益。

辽宁省是东北老工业基地，有很好的工业基础，同时，又是农业大省，农副食品基地，这些都是有利于辽宁省农产品加工业发展的有利条件，基于该理论辽宁省农产品加工业应依靠自身的产业优势，振兴老工业基地，以此推动和促进农产品加工业快速发展。

2.3.3 比较优势理论

大卫·李嘉图（David Ricardo）以亚当·斯密创立的劳动价值理论为基础，提出了比较优势理论。斯密的绝对优势理论解决了具有不同优势国家之间的分工和交换问题，但如果一国各方面都处于绝对优势，而另一国各方面都处于劣势的情况下该如何？斯密无法回答，李嘉图的比较优势理论解决了这个问题。其在1817年《政治经济学及赋税原理》中指出国际贸易中各方的利益取决于各类商品的交换价值，各国因劳动生产率差异而导致生产要素成本不同，同时生产要素又不流动，因而使其在某种商品生产上具有比较优势地位，即同一种商品在不同的国家其相对价值不同，各国可以找到各自的比较优势，从而在参与国际贸易中获取贸易利益。

比较优势理论为各国在自由贸易中提供了理论支撑，同样，也适用于各区域经济的发展，不同区域可以利用自身的比较优势来发展适合自己经济最大化的商品生产，以换取贸易利益。辽宁省有得天独厚的区位优势，东、西、南、北、中也各具区域特色，形成不同的农产品加工业比较优势，可以考虑借助辽宁区域空间特征，发展适合自身的农产品加工业。

2.3.4 要素禀赋论

赫克歇尔-俄林（Heckscher-Ohiln）基于李嘉图的理论框架提出要素禀赋论。李嘉图的比较优势理论表明当劳动力是唯一生产要素时，生产技术水平（生产效率）差异使各国在不同的商品生产上具有相对优势。但当生产中投入劳动力和资本等多种生产要素时，是否国家间要素禀赋也会为不同的商品生产产生相对优势？赫克歇尔-俄林解答了这一命题。其在1933年《区域贸易和国际贸易》中认为，要素禀赋决定相对存量的要素供给，要素供给使要素价格带来了成本差异，从而导致不同商品的价格差异，因此，不同国家应该生产并出口要素资源丰富的产品，并进口要素资源稀缺的产品。要素禀赋论是现代国际贸易理论的新开端，为国际贸易对国内收入分配的影响做了诠释。

该理论为辽宁省农产品加工业的发展提供了启示，不同行业、区域可以利用空间要素禀赋，选择产业发展，突出产业特色和区域特色。

2.3.5 不平衡增长理论

阿尔伯特·赫希曼（Albert Otto Hirschman）在1958年《经济发展战略》中提出的，不平衡增长理论主张发展中国家应集中有限的资金和资源，有选择地在某些产业领域进行投资，去优先发展该产业或其中的部分产业，以其经济增长作为发展动力，逐步扩张，从而逐步促进和实现其他产业的发展。

赫希曼的不平衡增长理论，从主要稀缺资源应得到充分利用的认识出发，不要求经济发展需要平衡增长，而是非平衡增长。这种以局面带动整体，不仅能够有效的促进产业前、后向的联系性发展，同时还能够进一步推动该产业在其他领域的继续扩张，从而使整体产业都得到发展，实现经济的增长。

2.3.6 发展极理论

弗朗索瓦·佩鲁（Francois Perroux）在1955年提出发展极理论。佩鲁认为经济发展时、空都不是均衡分布的。一个国家不同部门、行业或地区不会按照相同的速度平衡增长，经济的发展应以与其他部门的关联效应较强的推进型产业形成“发展极”，集中于某些区域以较快速度优先发展，然后通过其影响力和辐射作用带动所在地区和行业发展。“发展极”的作用主要体现在技术的创新和扩散、资本的集中与输出、规模经济、适当的周围环境，如一定的资金、技术、人力、设备和熟练的劳动力、良好的投资政策环境等。

从不平衡增长理论和发展极理论可以看出，要实现国家或地区工业化、现代化的经济发展，不必寻求均衡增长，而可以通过建立“发展极”，引领和带动相邻区域和产业的共同发展。从空间上，某些行业可以首先在某些中心城市优先发展，然后发挥带动效应；从区域来看，可以形成不同区域主导产业。

总之，辽宁省作为农业大省，绝对优势和比较优势明显，具有充足的农业资源，是产粮和农副食品基地大省，要素禀赋也具有相对优势，土地肥沃，资源丰富，但这种地广物博的自然条件，势必带来区域间经济发展的不均衡，如何打造“发展极”，在良好的资源和禀赋条件下，合理利用充足的农业资源，更好地促进农业、农村经济发展？发展农产品加工正是途径之一。通过农产品加工可以提高农产品附加值，增强农产品国际竞争力，为广大农民增加就业机会，提高农民收入。通过打造农产品加工这个农业经济发展的“增长极”，促进农村经济增长，进而推动整个国民经济的健康、快速发展。因此，以上各理论能够为农产品加工业的研究提供良好的理论基础。

第三章 辽宁省农产品加工业发展及行业特征

农产品加工业是辽宁省第二大支柱性产业，无论是从继续增强其对辽宁经济的驱动力，还是从提升其对农民增收能力来讲，都有必要对其发展及行业特征有相当把握。

本章的研究目标是利用相关数据对辽宁省的农产品加工业“十一五”和“十二五”期间发展变迁进行“统”和“分”两个层面上的统计描述分析，从而为其他章节的深度分析奠定轮廓性基础。首先，把农产品加工业作为一个行业，对其总体发展情况进行描述分析，使我们对辽宁省农产加工业有一个全貌性的了解。其次，对农产品加工业所含的33个细分行业进行初步的统计分析。在此基础上按照权威行业归类标准，将33个行业归并为12大类行业，并对它们进行分析，从而实现相对宏观层面的理解。最后，根据上述初步分析，对辽宁省农产品加工业的总体现状、行业结构特征进行综合性总结。

本章拟从时间维度上解决如下问题：①辽宁省农产品加工业涉及的行业及行业发展是否均衡；②辽宁省农产品加工业行业结构特征及优势主导产业。

因统计口径一致性及数据完整程度因素，本章利用辽宁省2008—2013年的6年数据，来分析自2008年以来近5年辽宁省农产品加工业发展情况的全貌，所用数据来自于2009—2014年《辽宁省统计年鉴》。本章严格以年鉴中关于农产品加工业的统计范围及标准为基准和出发点，在借鉴以往相关研究思路的基础上，主要从企业单位数、资产总额、主营业务收入、利润和税收、全部从业人员等方面考察辽宁农产品加工业发展情况。

3.1 规模以上行业发展现状

《辽宁省统计年鉴》专门统计了辽宁省 2008—2013 年期间规模以上的农产品加工业发展情况。这是目前为止最具针对性、最权威的农产品加工业数据。不过，这些数据是关于规模以上类别企业的情况。本节利用这些数据对规模以上农产品加工业发展进行全面的描述性分析。

3.1.1 总体发展

第一，2008—2013 年期间，辽宁省规模以上农产品加工业企业个数经历大幅波动，但总体呈现小幅缩减趋势。从图 3-1 可以看到，2008 年时，辽宁省规模以上农产品加工业企业个数共 4 202 个[①]，2010 年猛增到 5 282 个，一年时间增加了 1 000 多家农产品加工企业，增幅超过 25%，相当于 1 天有 3 家农产品加工业企业诞生。但随后企业单位数又于 2011 年跳水至 3 763 家，一年减少了 1 519 家，减幅将近高达 30%，相当于 2011 年近 1/3 的农产品加工企业"消失"。无论在此期间出台什么政策，无论在此期间发生了怎样的市场行为，这种大幅的起落一定不是一个健康行业应有的发展状态。可喜的是，经过 2011 年大幅跳水之后，农产品加工企业数呈现了基本稳定发展。2012 年，企业个数小幅增加到 3 928家，随后又于 2013 年小幅回落到 3 863 家。或许是市场竞争达到了一种暂时稳定均衡状态。

数据表明，从企业个数来看，辽宁省规模以上农产品加工业

① 资料来源：《辽宁省统计年鉴》(2009—2014 年)。

企业在“十一五”向“十二五”过渡期间发生了剧烈的波动，或许是一种正常的市场竞争现象，也或许是相关政策的引导所为。但进入“十二五”以后，企业个数基本稳定下来。实际上，“十二五”期间，辽宁省加大了对农产品加工业的扶持力度，而且支持重点发生了由“量”到“质”的转变。期间，辽宁省积极培育产业集群，提升产业竞争力，帮助重点农产品加工企业的上市融资（如禾丰牧业），随着市场竞争的激烈，产业集群的形成，促进了产业竞争力的提升，最终使得众多的企业成长为势均力敌的市场经营主体，企业个数当然在小幅缩减的条件下趋于稳定。显然，这种企业个数的变化表明辽宁省农产品加工业已由原来“小、乱、多”向“大、专、强”方向发展，意味着规模以上农产品加工企业开始走向规模化、集聚化。

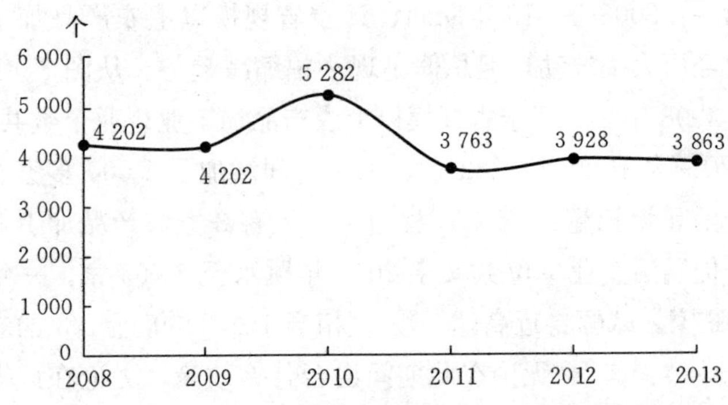

图 3-1　2008—2013 年辽宁省规模以上农产品加工业企业总数

第二，2008—2013 年期间，辽宁省规模以上农产品加工企业的资产总额呈现持续增长态势（图 3-2）。企业资产总额由 2008 年的 1 722.8 亿元持续稳步增加到 2010 年的 2 181.97 亿元，“十二五”开局之年的 2011 年增加到 2 917.12 亿元，然后持续增加到 2013 年的 3 834.05 亿元，相当于 2008 年的 2.2 倍。这个现象表明，不管农产品加工企业个数如何变化，它们的资产总额是增加的，即配置到这个行业的资源价值是增加的。这从一个侧面表明，在此期间，辽宁省农产品加工业的资产在增值，要么是因为效率吸引了更多的资源流入，要么是因为经营效率提升了已有的资金存量。显然，这是一种快速发展的态势。

第三，2008—2013 年期间，辽宁省规模以上农产品加工企业从所进行的主要生产经营业务上获得的收入则呈现更加快速的增长趋势（图 3-2）。主营业务收入在 2008 年时为 3 052.72 亿元，3 年以后实现翻倍，迅猛增加到 2011 年的 6 597.34 亿元；随后以较快速度持续平稳增加到 2013 年的 9 193.6 亿元，短短 5 年间生产收入增加了 2 倍。这表明，辽宁省农产品加工企业的生产力水平发展迅猛。

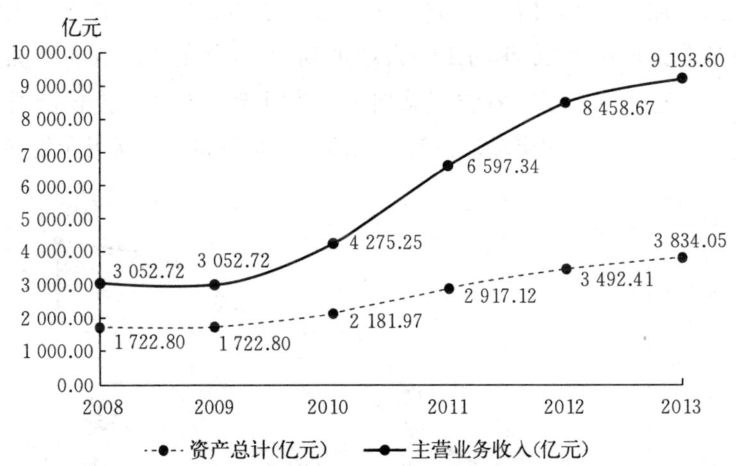

图 3-2　2008—2013 年辽宁省规模以上农产品加工业企业的资产和主营业务收入

第四，2008—2013 年期间，辽宁省规模以上农产品加工企业创造的利税总额是稳步增加的（图 3-3）。2008 年时，这些企业创造的利税总额为 238.16 亿元，单位企业创造 0.057 亿元利税，即一个企业一年为辽宁省年创造 570 万元利税。到了 2010 年，利税总额增加 412.95 亿元，单位企业创造利税 782 万元；随后快速增加到2013年的951.40亿元，5年增长了3倍。而从单位企业创税能力来说，2013年一个企业创造近2 500万元的利税，5年增长了3.3倍多。利税总额是将企业（集团）的利润和税金之总和进行观察的一个指标。它直接反映企业（集团）在一定时期内实现的全部利润额和对社会承担义务的量化。显然，辽宁省农产品加工业企业所承担的社会义务越来越多，能力越来越强，为经济发展做出了较大贡献。

第五，2008—2013年期间，辽宁省规模以上农产品加工企业吸纳的从业人员持续增加。从图3-3可以看到，2008年时，这些企业全年从业人员为60.98万人，到2010年增加到73.28万人，最后增加到2013年的75.58万人，五年增加24%。单位企业吸纳的从业人员从2008年的145人增加到2013年的195人，增加了35%。这表明，辽宁省农产品加工业为社会创造就业岗位的贡献越来越大，这必然带动居民收入的增加，最终带动消费繁荣发展。

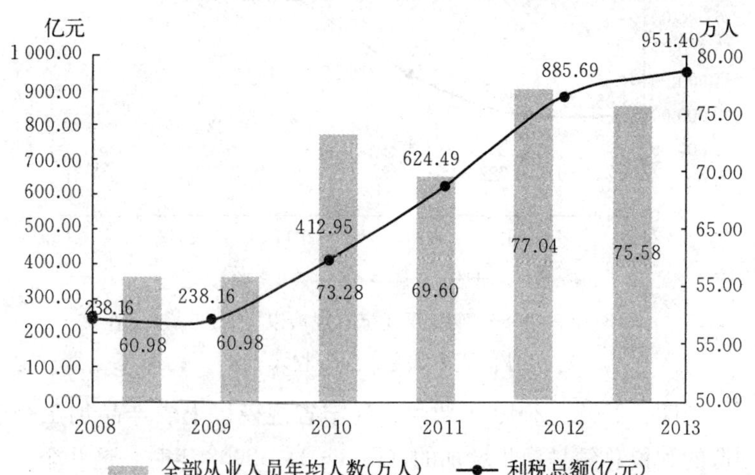

图3-3 2008—2013年辽宁省规模以上农产品加工业企业的全部从业人员和利税总额

注：全部从业人员对应右侧纵坐标。

第六，其他方面发展。从表 3-1 可以看到，2008—2013 年期间，辽宁省规模以上农产品加工企业的流动资产、企业负债、主营业务成本和税金都不同程度的增加。重要的是，这些企业同期创造的利润总额逐年增加，且增加幅度更加明显。利润总额由 2008 年的 141.69 亿元，大幅增加到 2013 年的 642.41 亿元，增加了 3.5 倍。如果考虑到成本，进一步发现这些企业的盈利能力越来越强。从图 3-4 可以看到，2008 年时，这些企业的单位成本所产生的利润为 0.054 元，2013 年达到 0.081 元，增幅达 50%，仅 5 年时间，其盈利能力得到明显增强；同时发现，单位成本创税能力也持续增加，由 2008 年的 0.021 元增加到 2013 年的 0.026 元，增幅 23.81%。

表 3-1　2008—2013 年辽宁省规模以上农产品加工业企业主要经济指标

单位：亿元

年份	流动资产合计	负债合计	主营业务成本	主营业务税金及附加	利润总额	本年应交增值税
2008	717.88	869.80	2 611.10	41.41	141.69	55.05
2009	717.88	869.80	2 611.10	41.41	141.69	55.05
2010	958.18	968.80	3 603.86	52.39	256.44	104.11
2011	1 372.32	1 218.61	5 648.21	65.80	450.54	104.58
2012	1 559.79	1 571.83	7 175.63	81.20	619.60	184.53
2013	1 757.53	1 739.80	7 905.60	99.03	642.41	209.41

3.1.2　规模以上农副食品加工业情况

辽宁省农产品加工业的发展从很大程度上就是农副食品加工业的发展。无论从企业个数占比、产值占比、还是利润税收以及从业人员来看，农副食品加工业在辽宁省农产品加工业中都占据首屈一指的地位。对其进行分析是深入了解辽宁省农产品加工业发展的应有之义。

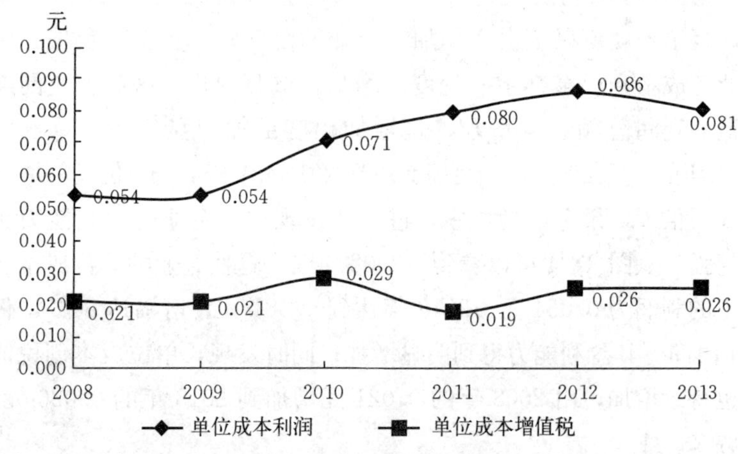

图 3-4　单位成本利润及单位成本增值税情况

第一，2008—2013 年期间，辽宁省规模以上农副食品加工企业个数也出现了大幅震荡，后期平稳发展的趋势。从图 3-5 可以看到，2008 年时，辽宁省规模以上农副食品加工企业个数共 1 317 个，2010 年猛增到 1 822 个，一年时间增加了 500 多家，增幅超过 38%，相当于 1 天半有 1 家农副食品加工企业出现。但随后企业单位数又于 2011 年下降至 1 484 家，一年又减少了 338 家，减幅高达 22.78%，相当于 2011 年将近每天有 1 家农副食品加工企业“消失”。2011—2013 年，农副食品加工企业数呈现了平稳发展的态势。2012 年，企业个数小幅增加到 1 553 家，随后又于 2013 年小幅回落到 1 533 家。达到了一种稳定均衡状态。

数据表明，辽宁省规模以上农副食品加工企业同样在“十一五”向“十二五”过渡期间发生了剧烈的波动。但进入“十二五”以后，企业数量发展基本平稳，农副食品加工企业进入了稳定发展阶段，开始走向规范和有序发展。

第二，2008—2013 年期间，辽宁省规模以上农副食品加工企业的资产总额呈现持续增长态势（图 3-5）。企业资产总额由 2008 年

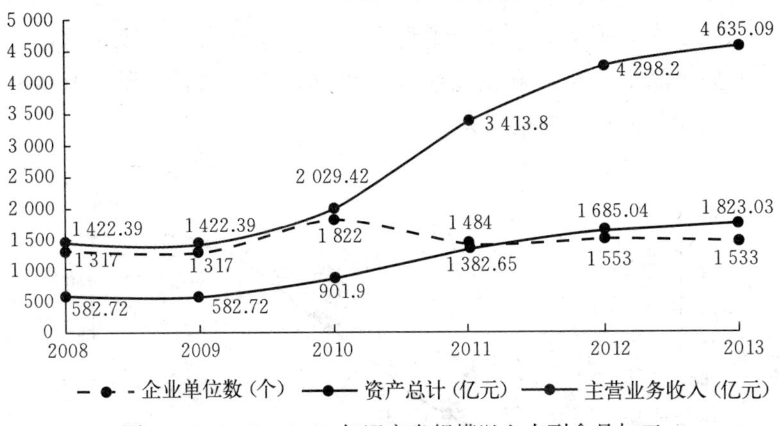

图 3－5　2008—2013 年辽宁省规模以上农副食品加工企业的单位数、资产和主营业务收入

的 582.72 亿元持续稳步增加到 2010 年的 901.9 亿元，“十二五”开局之年的 2011 年增加到 1 382.65 亿元，然后持续增加到 2013 年的 1 823.03亿元，相当于 2008 年的 2.12 倍。可见，规模以上农副食品加工企业并没有因为企业数量的减少而出现资产的流失，资产总额良性稳定增长，行业的资源价值平稳增加，呈现一种平稳发展的态势。

第三，2008—2013 年期间，辽宁省规模以上农副食品加工业主营业务收入则呈现快速增长趋势（图 3－5）。主营业务收入在 2008 年时为 1 422.39 亿元，3 年以后实现倍增，到 2011 年达到 3 413.8亿元；随后以年递增 10.73％的速度持续平稳增加到 2013 年的 4 635.09 亿元，短短 5 年间生产收入增加了 2.25 倍。这表明，辽宁省规模以上农副食品加工业的生产力水平发展迅速。

第四，2008—2013 年期间，辽宁省规模以上农副食品加工业创造的利税总额也呈稳步快速增加的态势（图 3－6）。2008 年时，企业创造的利税总额为 92.41 亿元，单位企业创造 702 万元利税。到了 2010 年，利税总额增加到 153.34 亿元，单位企业创造利税 842 万元；随后快速增加到 2013 年的 425.83 亿元，5 年增长了

3.6 倍。而从单位企业创税能力来说，2013 年一个企业创造近 2 778万元的利税，5 年增长了近 3 倍。可以看出，辽宁省规模以上农副食品加工企业利税总额大幅攀升，快速增长，所承载的社会责任和经济贡献越来越大。

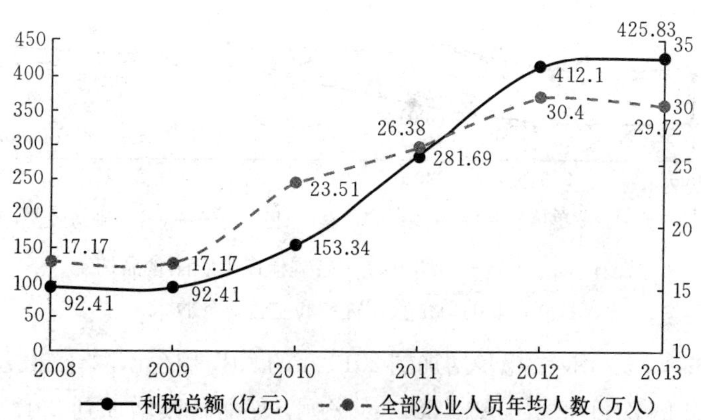

图 3-6　2008—2013 年辽宁省规模以上农副食品加工企业的全部从业人员和利税总额

注：全部从业人员对应右侧纵坐标。

第五，2008—2013 年期间，辽宁省规模以上农副食品加工企业吸纳的从业人员持续增加。从图 3-6 可以看到，2008 年时，这些企业全年从业人员为 17.71 万人，到 2010 年增加到 23.51 万人，最后增加到 2013 年的 29.72 万人，五年增加 67.81%，年均增幅 9.58%。单位企业吸纳的从业人员从 2008 年的 130 人增加到 2013 年的 194 人，增加了 49%。这表明，辽宁省规模以上农副食品加工企业为社会提供了大量就业岗位，为安置就业、居民增收做出了重要的贡献。

3.1.3　规模以上其他加工业情况

规模以上其他农产品加工企业主要包括“规模以上纺织服装、

服饰业”、规模以上纺织业、“规模以上酒、饮料和精制茶制造业”、规模以上造纸和纸制品业、规模以上烟草制品业等行业，本节先对各细分行业 2008—2013 年变化情况做以阐述，然后总结规模以上其他农产品加工企业发展变动规律。

（1）各细分行业发展

第一，规模以上纺织服装、服饰业中，2008 年企业数量 597 个（表 3－2），资产 224.74 亿元，主营业务收入 368.07 亿元，利税总额 25.11 亿元，从业人员 14.08 万人。发展到 2013 年，企业数量 523 个，资产达到 274.6 亿元，主营业务收入 831.6 亿元，利税总额 77.27 亿元，从业人员 13.93 万人。与 2008 年相比，除企业数量及人员略有减少外，资产、主营业务收入及利税均有涨幅，其中利税增幅最高，增长了 2 倍多。

表 3－2　2008—2013 年辽宁省规模以上纺织服装、服饰业情况

年份	企业单位数（个）	资产总计（亿元）	主营业务收入（亿元）	利税总额（亿元）	全部从业人员年均人数（万人）
2008	597	224.74	368.07	25.11	14.08
2009	597	224.74	368.07	25.11	14.08
2010	812	202.03	465.11	61.10	16.36
2011	526	212.34	542.31	44.19	12.67
2012	542	263.54	712.51	67.36	14.00
2013	523	274.60	831.60	77.27	13.93

第二，规模以上纺织业中，2008 年企业数量 480 个（表 3－3），资产 174.86 亿元，主营业务收入 220.01 亿元，利税总额 12.19 亿元，从业人员 7.72 万人。发展到 2013 年企业数量 313 个，资产达到 228.98 亿元，主营业务收入 491.94 亿元，利税总额 54.72 亿元，从业人员 5.44 万人。与 2008 年相比，企业数量及人员有所减

少，但资产、主营业务收入及利税均有涨幅，利税增长了3.49倍。

表3-3　2008—2013年辽宁省规模以上纺织业情况

年份	企业单位数（个）	资产总计（亿元）	主营业务收入（亿元）	利税总额（亿元）	全部从业人员年均人数（万人）
2008	480	174.86	220.01	12.19	7.72
2009	480	174.86	220.01	12.19	7.72
2010	580	190.98	295.53	21.85	8.74
2011	326	186.36	342.13	30.29	5.87
2012	333	220.13	430.10	40.63	6.47
2013	313	228.98	491.94	54.72	5.44

第三，规模以上酒、饮料和精制茶制造业中，2008年企业数量216个（表3-4），资产165.48亿元，主营业务收入189.13亿元，利税总额30.01亿元，从业人员3.17万人。发展到2013年企业数量230个，资产达到274.59亿元，主营业务收入485.21亿元，利税总额65.76亿元，从业人员3.9万人。与2008年相比，企业数量及人员有所减少，资产、主营业务收入及利税均有涨幅，利税增长了1.2倍。

表3-4　2008—2013年辽宁省规模以上酒、饮料和精制茶制造业情况

年份	企业单位数（个）	资产总计（亿元）	主营业务收入（亿元）	利税总额（亿元）	全部从业人员年均人数（万人）
2008	216	165.48	189.13	30.01	3.17
2009	216	165.48	189.13	30.01	3.17
2010	282	186.17	265.46	38.89	4.11
2011	213	249.79	406.32	56.65	4.19
2012	227	276.00	500.48	70.71	4.17
2013	230	274.59	485.21	65.76	3.9

第四，规模以上造纸和纸制品业中，2008年企业数量303个（表3-5），资产110.94亿元，主营业务收入132.43亿元，利税

总额8.57亿元，从业人员3.33万人。到2013年企业数量233个，资产达到173.73亿元，主营业务收入425.04亿元，利税总额43.09亿元，从业人员3.75万人。与2008年相比，企业数量及人员有所减少，资产、主营业务收入及利税均有涨幅，利税增长4倍多。

表3-5 2008—2013年辽宁省规模以上造纸和纸制品业情况

年份	企业单位数（个）	资产总计（亿元）	主营业务收入（亿元）	利税总额（亿元）	全部从业人员年均人数（万人）
2008	303	110.94	132.43	8.57	3.33
2009	303	110.94	132.43	8.57	3.33
2010	371	115.37	197.56	19.3	3.81
2011	263	152.45	355.56	34.29	3.84
2012	250	160.25	425.54	44.92	3.83
2013	233	173.73	425.04	43.09	3.75

第五，规模以上烟草制品业中，2008年企业数量5个（表3-6），资产26.66亿元，主营业务收入39.42亿元，利税总额25.06亿元，从业人员0.25万人。到2013年企业数量4个，资产达到50.23亿元，主营业务收入74.74亿元，利税总额51.92亿元，从业人员0.22万人。与2008年相比，企业数量及人员有所减少，资产、主营业务收入及利税均有涨幅，利税增长了1.07倍。

表3-6 2008—2013年辽宁省规模以上烟草制品业情况

年份	企业单位数（个）	资产总计（亿元）	主营业务收入（亿元）	利税总额（亿元）	全部从业人员年均人数（万人）
2008	5	26.66	39.42	25.06	0.25
2009	5	26.66	39.42	25.06	0.25
2010	4	20.06	43.66	27.64	0.23
2011	4	33.72	57.63	37.47	0.22
2012	4	44.97	67.74	45.56	0.2
2013	4	50.23	74.74	51.92	0.22

（2）规模以上其他农产品加工企业整体发展

第一，纺织服装、服饰业企业数量规模最大，总体呈现略减趋势。数据显示（图 3-7），2008—2013 年期间，辽宁省规模以上其他农产品加工企业数量总体发展平稳，呈现略减趋势。2008 年时，在其他农产品加工企业中，纺织服装、服饰业占比最大，为 597 个，其他依次为纺织业 480 个、造纸和纸制品业 303 个、酒饮料和精制茶制造 216 个，而烟草业占比较小仅为 5 个。2010 年在其他农产品加工企业数量中除烟草业都出现了大幅增加，但行业排名没有变化，纺织服装、服饰业依旧数量最多。2011—2013 年，其他农产品加工企业数量呈现了平稳发展的态势。增减幅度波动不大，到 2013 年，除酒饮料和精制茶制造业略有增长外，其他行业均小幅下降，纺织服装、服饰业为 523 个，依旧占据规模以上其他农产品加工之首，其次依次为纺织业 313 个，造纸和纸制品业 223 个，酒饮料和精制茶制造 230 个。而烟草业发展较平稳，从 2010 年减少到 4 个，一直到 2013 年保持不变。

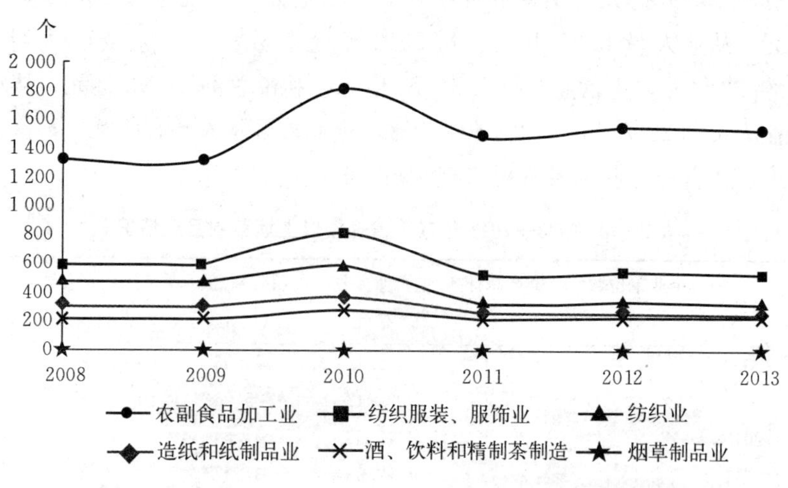

图 3-7　2008—2013 年辽宁省规模以上其他农产品加工业相关行业企业个数

数据表明，辽宁省规模以上其他农产品加工企业同样在“十一五”向“十二五”过渡期间发生了剧烈的波动。但进入“十二五”以后，企业数量发展基本平稳，进入了稳定发展阶段。行业内“纺织服装、服饰业”、纺织业企业数量位居前两位，可以看出纺织行业在其他农产品加工业中企业数量规模是最大的。而烟草业企业虽数量少，但企业规模稳定。

第二，纺织服装、服饰业企业资产居首且稳步增长，行业的资源价值平稳增加。2008—2013 年期间，辽宁省规模以上其他农产品加工企业资产总额呈现持续增长态势。2008 年规模以上纺织服装、服饰业企业资产总额最高为 224.74 亿元，其他依次为纺织业 174.86 亿元，酒饮料和精制茶制造 165.48 亿元，造纸和纸制品业 110.94 亿元，烟草业最小为 26.66 亿元。2010—2011 年在其他农产品加工企业数量大幅增减的情况下，企业资产没有受到企业数量增幅的过多影响，除纺织业略有小幅缩减外，其他行业均稳定增长。2011—2013 年，其他农产品加工企业资产总额呈现了快速发展的态势。到 2013 年，纺织服装、服饰业企业资产总额为 274.6 亿元，纺织业 228.98 亿元，酒饮料和精制茶制造 274.59 亿元，造纸和纸制品业 173.73 亿元，烟草业最小为 50.23 亿元。数据显示（图 3－8），与 2008 年相比，烟草业资产总额增幅最高，达到 88％，其他增幅依次为酒饮料和精制茶制造 66％，造纸和纸制品业 57％，纺织业 31％，纺织服装、服饰业 22％。

数据表明，规模以上其他农产品加工企业资产总额稳步增长，行业的资源价值平稳增加，总体呈现稳步发展的态势。纺织服装、服饰业资产总额最高，可以看出，纺织行业拥有能给企业带来经济利益的资源优势，并且优势地位明显。而烟草业资产总额增幅较大，表明烟草业的资源价值呈增长态势。

第三，纺织服装、服饰业主营业务收入增长迅速，生产力水平发展迅猛。2008—2013 年期间，辽宁省规模以上其他农产品加

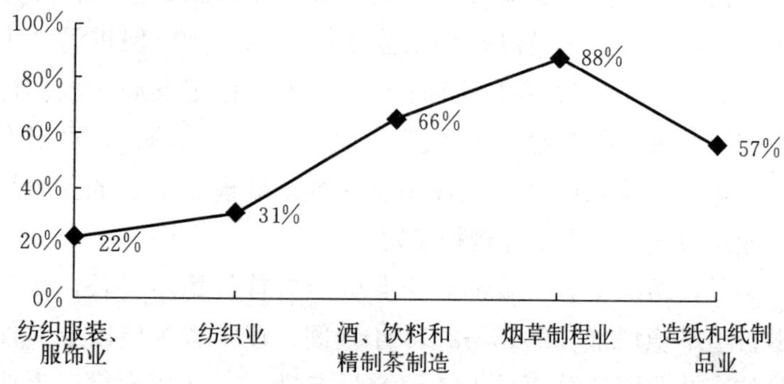

图 3-8　2013 年占 2008 年其他农产品加工业资产总额增幅比例

工业主营业务收入呈现快速增长态势。2008 年规模以上纺织服装、服饰业企业主营业务收入最高为 368.07 亿元，其他依次为纺织业 220.01 亿元，酒饮料和精制茶制造 189.13 亿元，造纸和纸制品业 132.43 亿元，烟草业 39.42 亿元。到 2013 年，纺织服装、服饰业企业主营业务收入为 831.6 亿元，纺织业 491.94 亿元，酒饮料和精制茶制造 485.21 亿元，造纸和纸制品业 425.04 亿元，烟草业最小为 74.74 亿元。数据显示（图 3-9），与 2008 年相比，他农产品加工企业主营业务收入呈现快速增长态势，其中，造纸和纸制品业增幅最高，增长了 2.21 倍，其次为酒饮料和精制茶制造 1.57 倍，纺织服装、服饰业 1.26 倍，纺织业 1.24 倍，烟草业 0.9 倍。

数据表明，规模以上其他农产品加工企业主营业务收入总体呈现快速增长趋势，纺织服装、服饰业主营业务收入增长迅速，显示了纺织行业强劲的生产能力。造纸和纸制品业增幅最快，说明该行业的生产力水平提升较快。

第四，纺织服装、服饰业利税总额居首并高速增长，为国民经济贡献彰显。2008—2013 年期间，辽宁省规模以上其他农产品加工企业利税总额呈现高速增长态势。2008 年规模以上酒饮料和精制茶制造利税总额最高为 30.01 亿元，其他依次为纺织服装、

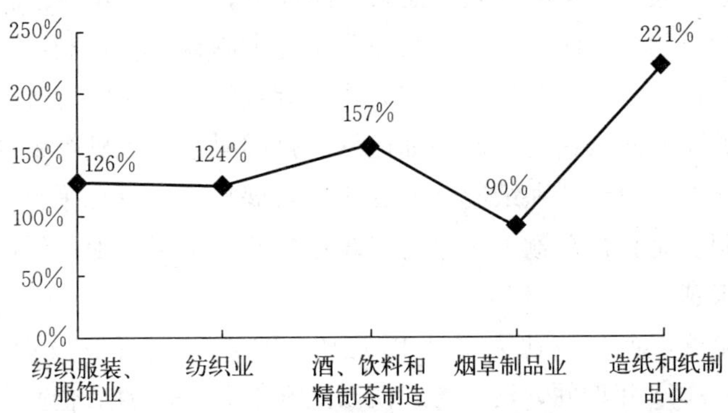

图 3-9　2013 年占 2008 年其他农产品加工业主营业务收入增幅比例

服饰业企业 25.11 亿元，烟草业 25.06 亿元，纺织业 12.19 亿元，造纸和纸制品业 8.57 亿元。到 2013 年，纺织服装、服饰业企业利税总额为 77.27 亿元，超越了酒饮料和精制茶制造业跃居首位，纺织业 54.72 亿元，酒饮料和精制茶制造 65.76 亿元，造纸和纸制品业 43.09 亿元，烟草业为 51.92 亿元。数据显示（图 3-10），与 2008 年相比，其他农产品加工企业利税总额呈现高速增长态势，纺织服装、服饰业成为利税大户，而造纸和纸制品业增幅最高，增长了 4 倍多。

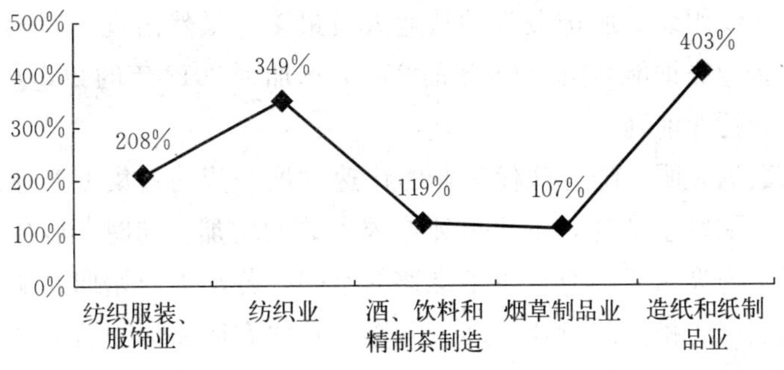

图 3-10　2013 年占 2008 年其他农产品加工业利税总额增幅比例

数据表明，规模以上其他农产品加工企业利税总额总体呈现高速增长趋势，纺织服装、服饰业超越了酒饮料和精制茶制造业成为利税大户，而造纸和纸制品业增幅最快。说明随着现代信息技术的飞速发展，电子产品如电脑、打印机、复印机等带动信息产业发展，为造纸和纸制品业的快速发展提供了资源平台，造纸和纸制品业利税总额大幅攀升，高速增长，带来的国民经济贡献也越来越大。

第五，企业从业人员小幅波动，增幅体现行业发展规律。2008—2013 年期间，辽宁省规模以上其他农产品加工企业吸纳的从业人员小幅波动。2008 年规模以上纺织服装、服饰业企业吸纳从业人员最高为 14.08 万人，其他依次为纺织业 7.72 万人，造纸和纸制品业 3.33 万人，酒饮料和精制茶制造 3.17 万人，烟草业 0.25 万人。到 2013 年，纺织服装、服饰业企业吸纳从业人员为 13.91 万人，纺织业 5.44 万人，酒饮料和精制茶制造 3.9 万人，造纸和纸制品业 3.75 万人，烟草业为 0.22 万人。数据显示（图 3-11），与 2008 年相比，其他农产品加工企业吸纳从业人员呈现波动趋势，其中，最多的为酒饮料和精制茶制造，增幅 23%，其次为造纸和纸制品业，增幅 13%，而纺织业、烟草业和纺织服装、服饰业出现了减幅，分别减少了 30%、12%和 1%，纺织业减幅最高。纺织服装、服饰业吸纳从业人员最多，虽然出现了减幅，但单位企业吸纳能力由 2008 年的 236 人增加到 2013 年的 266 人，依旧位居行业前列。

数据表明，随着现代工业的快速发展，劳动密集型产业对人员的需求发生变化，不再单纯追求人数的增加，同时，服务业的发展又为吸纳劳动力提供了足够的空间，劳动力开始向与服务业和信息产业相关的行业流动。但作为其他农产品加工行业的领导者纺织服装、服饰业来说，依旧承载了吸纳劳动力的重任，单位吸纳能力有增无减。

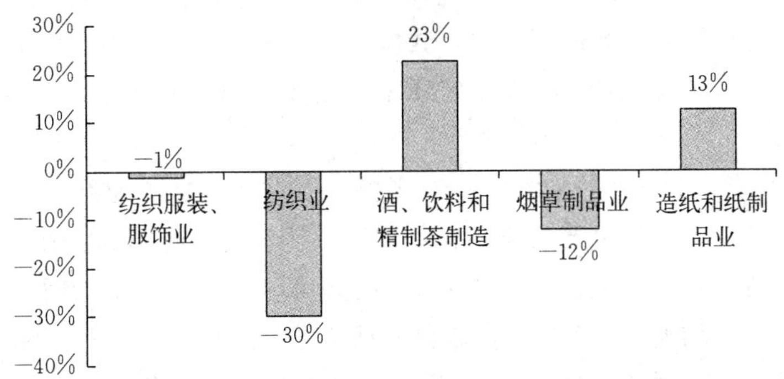

图 3-11　2013 年占 2008 年其他农产品加工业吸纳从业人员增幅比例

综上所述，在辽宁省规模以上其他农产品加工业中，纺织服装、服饰业居于行业首位，无论企业资源优势、生产力、利税能力及吸纳就业等方面，都为辽宁省农产品加工业的发展做出了巨大的贡献。

小结

通过上述分析，可以看出规模以上辽宁省农产品加工业发展的全貌。从整个行业看，规模以上辽宁省农产品加工企业数量出现过剧烈波动，最终呈小幅缩减而趋于稳定；从行业规模和经济总量上对规模以上辽宁省农产品加工业做个大致的排序，农副食品加工业无论规模还是经济总量都位居榜首，以下依次为“纺织服装、服饰业”、纺织业、“酒、饮料和精制茶制造业”、造纸和纸制品业、烟草制品业，显而易见，农副食品加工业作为辽宁省农产品加工业优势主导产业毋庸置疑。

3.2　行业结构特征

上一节对辽宁省规模以上农产品加工业发展的全貌做了深入

的分析，本节利用《辽宁省统计年鉴》中关于农产品加工业细分行业专门统计数据进行考察：数据年度为2012—2013年，虽仅有2年数据，但也足以能够看出辽宁省农产品加工业近年行业结构特征。

《辽宁省统计年鉴》中，对规模以上农产品加工业细分为33个行业，并对其主要经济指标做出了详细统计。本节从企业单位数、资产总额、主营业务收入、利润总额、应交增值税和全部从业人员年均人数六个方面比较分析辽宁省农产品加工业33个细分行业及它们所归属的12大类行业（第二章已做界定）的发展情况。

3.2.1 行业类别

第一，辽宁省农产品加工业涵盖所有的33个细分行业。并且辽宁省农产品加工业具有以农副食品加工业为主，“纺织服装、服饰业”、纺织业、造纸和纸制品业、“酒、饮料和精制茶制造业”等行业为辅（行业占比均超过5%），其他行业兼顾的行业结构特征。

本节统计了2012—2013年辽宁省农产品加工业33个细分行业的企业单位数（个）及其占比（%）情况（表3-7[①]），2012年农副食品加工企业最多达1 553个，占39.54%，竹、藤家具制造企业最少仅1个，仅占0.05%。到2013年，有13个行业企业数量发生小幅增加，包括酒饮料和精制茶制造、木制品制造、木质家具制造、印刷、罐头食品制造、中药饮片加工、调味品发酵制品制造、方便食品制造、食品及饲料添加剂制造、乳制品制造、营养食品制造、保健食品制造、纤维素纤维原料及纤维制造等；13个行业企业数量发生小幅减少，包括农副食品加工业、纺织服装

① 因行业细分数据较多，本节数据均放在附表中。

服饰业、纺织业、造纸和纸制品业、皮革毛皮羽毛及其制品和制鞋业、焙烤食品制造、天然植物纤维编织工艺品制造、冷冻饮品及食用冰制造、肥皂及合成洗涤剂制造、糖果巧克力及蜜饯制造、其他未列明的食品制造、竹藤棕草等制品制造、装订及印刷相关服务、竹藤家具制造；6 个行业企业数量没有变化，包括中成药生产、其他家具制造、烟草制品业、地毯挂毯制造、动物胶制造、鬃毛加工制刷及清扫工具的制造。

表 3-7　2012—2013 年辽宁省农产品加工业 33 个细分行业的企业单位数及占比

行业名称	2012 年单位数（个）	2012 年单位数占比（%）	2013 年单位数（个）	2013 年单位数占比（%）
农副食品加工业	1 553	39.54	1 533	39.68
纺织服装、服饰业	542	13.80	523	13.54
纺织业	333	8.48	313	8.10
造纸和纸制品业	250	6.36	233	6.03
酒、饮料和精制茶制造	227	5.78	230	5.95
木制品制造	182	4.63	188	4.87
木质家具制造	148	3.77	152	3.93
印刷	100	2.55	105	2.72
皮革毛皮羽毛及其制品和制鞋业	102	2.60	96	2.49
罐头食品制造	61	1.55	62	1.60
中药饮片加工	60	1.53	62	1.60
调味品、发酵制品制造	52	1.32	53	1.37
焙烤食品制造	46	1.17	44	1.14
中成药生产	42	1.07	42	1.09
方便食品制造	31	0.79	33	0.85
食品及饲料添加剂制造	24	0.61	26	0.67

（续）

行业名称	2012 年单位数（个）	2012 年单位数占比（%）	2013 年单位数（个）	2013 年单位数占比（%）
乳制品制造	21	0.53	23	0.60
天然植物纤维编织工艺品制造	23	0.59	21	0.54
冷冻饮品及食用冰制造	22	0.56	19	0.49
肥皂及合成洗涤剂制造	21	0.53	18	0.47
营养食品制造	14	0.36	17	0.44
保健食品制造	10	0.25	14	0.36
糖果、巧克力及蜜饯制造	16	0.41	13	0.34
其他家具制造	11	0.28	11	0.28
其他未列明的食品制造	9	0.23	7	0.18
竹、藤、棕、草等制品制造	8	0.20	7	0.18
装订及印刷相关服务	7	0.18	5	0.13
烟草制品业	4	0.10	4	0.10
纤维素纤维原料及纤维制造	2	0.05	3	0.08
地毯、挂毯制造	2	0.05	2	0.05
动物胶制造	2	0.05	2	0.05
鬃毛加工、制刷及清扫工具的制造	2	0.05	2	0.05
竹、藤家具制造	1	0.03	—	—

注：本表行业顺序按照 2013 年的单位数排序。

在企业数量小幅增加的 13 个行业，印刷业增加最多，达到 6 个；在企业数量减少的 13 个行业，农副食品加工业和纺织服装服饰业减幅较大分别为 20 个、19 个，其中 1 个竹、藤家具制造企业退出行业竞争。

从企业数量可以看出，辽宁省农产品加工业在细分的 33 个行业里，农副食品加工业一枝独秀，以占行业 2/5 的比例高居榜首，“纺织服装、服饰业”和纺织业位居 2、3 位，2013 年分别占 13.54%、8.10%。这三个行业占据了整个农产品加工业的半数。造纸和纸制品业、“酒、饮料和精制茶制造”居于第 4、5 位。

第二，辽宁省农产品加工业涵盖所归属的 12 个行业中的 11 个（《辽宁省统计年鉴》中 33 个行业没有对橡胶制品业统计）。辽宁省农产品加工业具有以农副食品加工业为主，服装及其他纤维制品制造业、食品制造业、纺织业等行业兼顾的行业结构特征（行业占比均超过 10%），且这种结构特征比较稳定。

从 33 个细分行业所归属的 12 大类行业（第 2 章已做归类）来看（表 3－8），截止到 2013 年，农副食品加工业企业数量最多 1 551个，占 40.15%；排名 2～5 位的分别为服装及其他纤维制品制造业、食品制造业、纺织业、造纸及纸制品业，占比分别为 14.16%、10.79%、8.15% 和 6.03%。烟草加工业最少为 4 个，仅占 0.1%。可以看出，农副食品加工业企业数量居于农产品加工业的榜首地位无可撼动。

表 3－8 2012—2013 年辽宁省农产品加工业 12 大类行业企业单位数及占比

行业名称	2012 年单位数（个）	2012 年单位数占比（%）	2013 年单位数（个）	2013 年单位数占比（%）
农副食品加工业	1 574	40.07	1 551	40.15
服装及其他纤维制品制造业	567	14.43	547	14.16
食品制造业	410	10.44	417	10.79
纺织业	335	8.53	315	8.15
造纸及纸制品业	250	6.36	233	6.03
饮料制造业	227	5.78	230	5.95
木材加工及竹藤棕草制品业	190	4.84	195	5.05

（续）

行业名称	2012 年单位数（个）	2012 年单位数占比（%）	2013 年单位数（个）	2013 年单位数占比（%）
家具制造业	160	4.07	163	4.22
印刷业记录媒介的复制	107	2.72	110	2.85
皮革毛皮羽绒及其制品业	104	2.65	98	2.54
烟草加工业	4	0.10	4	0.10

注：本表行业顺序按照 2013 年的单位数排序。

3.2.2 经济结构

（1）资产总额

第一，33 个细分行业中，农副食品加工业资产总额在辽宁省农产品加工业中的地位更加明显，占比接近半数。

在 33 个细分行业中，企业资产总额[①]情况（表 3-9），2012 年资产总额最高的是农副食品加工业，为 1 685.04 亿元，占 48.25%；其次是纺织服装服饰业、酒饮料和精制茶制造和纺织业，分别为 263.54 亿元、276.00 亿元、220.13 亿元，三个行业合计占 21.75%；而像方便食品制造、中药饮片加工、焙烤食品制造、保健食品制造等 18 个行业所占比例均不到 1%，甚至有的低到 0.01%；调味品、发酵制品制造、烟草制品业等 10 个行业所占比例均未超过 5%；可见农副食品加工业占整个农产品加工业的近一半，其他行业难望其项背。到 2013 年，该总体结构比例未见过大变化，农副食品加工业、纺织服装服饰业、酒饮料和精制茶制造、纺织业占比均有所小幅下降。

① 总资产：指企业拥有或控制的全部资产。包括流动资产、长期投资、固定资产、无形及递延资产、其他长期资产等，即为企业资产负债表的资产总计项。

表 3-9 2012—2013 年辽宁省农产品加工业 33 个细分行业的资产总额及其占比

行业名称	2012 年资产总额（亿元）	2012 年资产总额占比（%）	2013 年资产总额（亿元）	2013 年资产总额占比（%）
农副食品加工业	1 685.04	48.25	1 823.03	47.55
纺织服装、服饰业	263.54	7.55	274.60	7.16
酒、饮料和精制茶制造	276.00	7.90	274.59	7.16
纺织业	220.13	6.30	228.98	5.97
造纸和纸制品业	160.25	4.59	173.73	4.53
乳制品制造	105.08	3.01	160.01	4.17
木制品制造	109.02	3.12	139.31	3.63
木质家具制造	119.55	3.42	131.43	3.43
印刷	71.92	2.06	101.19	2.64
皮革毛皮羽毛及其制品和制鞋业	71.65	2.05	89.42	2.33
调味品、发酵制品制造	44.76	1.28	53.57	1.40
烟草制品业	44.97	1.29	50.23	1.31
中成药生产	43.83	1.26	48.61	1.27
方便食品制造	33.52	0.96	41.17	1.07
罐头食品制造	44.69	1.28	38.41	1.00
中药饮片加工	30.53	0.87	37.69	0.98
焙烤食品制造	33.14	0.95	35.32	0.92
保健食品制造	11.07	0.32	24.75	0.65
营养食品制造	11.75	0.34	15.40	0.40
肥皂及合成洗涤剂制造	37.77	1.08	15.03	0.39
食品及饲料添加剂制造	11.65	0.33	13.95	0.36
冷冻饮品及食用冰制造	15.96	0.46	13.66	0.36
糖果、巧克力及蜜饯制造	12.37	0.35	12.19	0.32
其他家具制造	7.50	0.21	12.14	0.32
纤维素纤维原料及纤维制造	5.92	0.17	7.89	0.21
天然植物纤维编织工艺品制造	6.30	0.18	7.36	0.19

（续）

行业名称	2012年资产总额（亿元）	2012年资产总额占比（%）	2013年资产总额（亿元）	2013年资产总额占比（%）
地毯、挂毯制造	3.42	0.10	3.45	0.09
其他未列明的食品制造	2.16	0.06	1.73	0.05
动物胶制造	1.02	0.03	1.49	0.04
装订及印刷相关服务	3.55	0.10	1.44	0.04
竹、藤、棕、草等制品制造	3.09	0.09	1.18	0.03
鬃毛加工、制刷及清扫工具的制造	0.95	0.03	1.09	0.03
竹、藤家具制造	0.28	0.01	0.00	0.00

注：本表行业顺序按照2013年的资产总额排序。

第二，从所归属的12大类行业来看，农副食品加工业资产总额在辽宁省农产品加工业中高居榜首。

从33个细分行业所归属的12大类行业来看，2012年农副食品加工业资产总额（表3-10）最高，达到1 722.81亿元，其次为食品制造业401.53亿元，分别占到49.33%、11.50%；两个行业所占比例已经超过60%以上。到2013年虽有所下降，但总体趋势未变。烟草加工业位居末位，2013年资产总额50.23亿元，仅占1.31%。

表3-10　2012—2013年辽宁省农产品加工业12大类行业的资产总额及其占比

行业名称	2012年资产总额（亿元）	2012年资产总额占比（%）	2013年资产总额（亿元）	2013年资产总额占比（%）
农副食品加工业	1 722.81	49.33	1 838.06	47.94
食品制造业	401.53	11.50	497.95	12.99
服装及其他纤维制品制造业	275.76	7.90	289.85	7.56
饮料制造业	276.00	7.90	274.59	7.16
纺织业	223.55	6.40	232.43	6.06

（续）

行业名称	2012 年资产总额（亿元）	2012 年资产总额占比（%）	2013 年资产总额（亿元）	2013 年资产总额占比（%）
造纸及纸制品业	160.25	4.59	173.73	4.53
家具制造业	127.33	3.65	143.57	3.74
木材加工及竹藤棕草制品业	112.11	3.21	140.49	3.66
印刷业记录媒介的复制	75.47	2.16	102.63	2.68
皮革毛皮羽绒及其制品业	72.60	2.08	90.51	2.36
烟草加工业	44.97	1.29	50.23	1.31

注：本表行业顺序按照 2013 年的资产总额排序。

（2）主营业务收入

第一，33 个细分行业中，农副食品加工业主营业务收入[①]在辽宁省农产品加工业中的地位更加突出，占比超过半数，单位占比也较靠前。

在 33 个细分行业中，主营业务收入情况（表 3－11），2012 年主营业务收入最高的是农副食品加工业，为 4 298.20 亿元，占 50.81%；其次是纺织服装服饰业、酒饮料和精制茶制造，分别为 712.51 亿元、500.48 亿元，均超过 500 亿元，合计占 14.34%；而像其他未列明的食品制造、动物胶制造、竹藤棕草等制品制造、鬃毛加工制刷及清扫工具的制造、装订及印刷相关服务、地毯挂毯制造、竹藤家具制造等行业所占比例均不到 0.1%，可见农副食品加工业主营业务收入占整个农产品加工业的近一半，其他行业难望其项背。到 2013 年，该总体结构比例未见过大变化，但位居前几位的农副食品加工业、酒饮料和精制茶制造、纺织业占比均有所小幅下降，仅纺织服装服饰业上浮 0.63 个百分点。

① 主营业务收入：指的是企业确认的销售商品、提供劳务等主营业务的收入。

表 3-11 2012—2013 年辽宁省农产品加工业 33 个细分行业的主营业务收入及其占比

行业名称	2012 年主营业务（亿元）	2012 年主营业务占比（%）	2013 年主营业务（亿元）	2013 年主营业务占比（%）	2012 年单位企业主营业务（亿元）	2013 年单位企业主营业务（亿元）
农副食品加工业	4 298.20	50.81	4 635.09	50.42	2.77	3.02
纺织服装、服饰业	712.51	8.42	831.60	9.05	1.31	1.59
纺织业	430.10	5.08	491.94	5.35	1.29	1.57
酒、饮料和精制茶制造	500.48	5.92	485.21	5.28	2.20	2.11
造纸和纸制品业	425.54	5.03	425.04	4.62	1.70	1.82
木制品制造	359.42	4.25	411.74	4.48	1.97	2.19
木质家具制造	312.56	3.70	335.87	3.65	2.11	2.21
皮革毛皮羽毛及其制品和制鞋业	241.15	2.85	264.95	2.88	2.36	2.76
印刷	135.30	1.60	163.84	1.78	1.35	1.56
乳制品制造	115.80	1.37	140.06	1.52	5.51	6.09
罐头食品制造	106.53	1.26	124.77	1.36	1.75	2.01
中药饮片加工	104.91	1.24	123.90	1.35	1.75	2.00
焙烤食品制造	107.52	1.27	109.30	1.19	2.34	2.48
调味品、发酵制品制造	96.06	1.14	91.51	1.00	1.85	1.73
方便食品制造	68.98	0.82	83.39	0.91	2.23	2.53
中成药生产	75.92	0.90	75.79	0.82	1.81	1.80
烟草制品业	67.74	0.80	74.74	0.81	16.94	18.69
营养食品制造	39.14	0.46	48.81	0.53	2.80	2.87
糖果、巧克力及蜜饯制造	26.43	0.31	46.72	0.51	1.65	3.59
冷冻饮品及食用冰制造	46.66	0.55	42.83	0.47	2.12	2.25
天然植物纤维编织工艺品制造	38.65	0.46	40.67	0.44	1.68	1.94

（续）

行业名称	2012年主营业务（亿元）	2012年主营业务占比（%）	2013年主营业务（亿元）	2013年主营业务占比（%）	2012年单位企业主营业务（亿元）	2013年单位企业主营业务（亿元）
食品及饲料添加剂制造	26.19	0.31	31.56	0.34	1.09	1.21
其他家具制造	23.01	0.27	28.48	0.31	2.09	2.59
肥皂及合成洗涤剂制造	44.41	0.53	24.35	0.26	2.11	1.35
保健食品制造	16.22	0.19	21.37	0.23	1.62	1.53
纤维素纤维原料及纤维制造	14.48	0.17	14.61	0.16	7.24	4.87
其他未列明的食品制造	5.04	0.06	6.61	0.07	0.56	0.94
动物胶制造	4.47	0.05	6.43	0.07	2.24	3.22
竹、藤、棕、草等制品制造	5.45	0.06	5.62	0.06	0.68	0.80
鬃毛加工、制刷及清扫工具的制造	2.60	0.03	3.19	0.03	1.30	1.60
装订及印刷相关服务	4.57	0.05	2.07	0.02	0.65	0.41
地毯、挂毯制造	1.17	0.01	1.56	0.02	0.59	0.78
竹、藤家具制造	1.45	0.02	—	—	—	—

注：本表行业顺序按照2013年的主营业务收入排序。

从单位企业数量占比情况看，2013年一个农副食品加工业企业可以创造3.02亿元的主营业务收入，位列33个细分行业中的第6位，烟草制品业单位企业数量创造的主营业务收入最高，为18.69亿元，其次为依次为乳制品制造6.09亿元、纤维素纤维原料及纤维制造4.87亿元、“糖果、巧克力及蜜饯制造”为3.59亿元。而主营业务收入位居2～4位的纺织服装服饰业、酒饮料和精制茶制造和纺织业单位数量创造的主营业务收入分别为1.59亿元、2.11亿元和1.57亿元，在33个细分行业中排名分别为23位、19位和24位。可见，烟草制品业（仅排名17位）和乳制品制造业（仅排名10位）虽然总量不高，但单位创收能力最强，农副食品加工业单位创收能力位列第6。

第二，从所归属的12大类行业来看，农副食品加工业所属的农副食品加工业主营业务收入在辽宁省农产品加工业中遥遥领先，占据半壁江山，单位企业占比居次席；而食品制造业紧随其后。

从33个细分行业所归属的12大类行业来看，2012年农副食品加工业主营业务收入（表3-12）最高，达到4 342.61亿元，其次为食品制造业839.87亿元和服装及其他纤维制品制造业765.64亿元，分别占到51.34%、9.93%、9.05%；三个行业所占比例已经高达70.32%。到2013年农副食品加工业主营业务收入虽有所下降，但总体结构比例趋势未变。烟草加工业仍然位居末位，2013年主营业务收入74.74亿元，仅占0.81%。

表3-12　2012—2013年辽宁省农产品加工业12大类行业的主营业务及其占比

行业名称	2012年主营业务（亿元）	2012年主营业务占比（%）	2013年主营业务（亿元）	2013年主营业务占比（%）	2012年单位企业数量主营业务（亿元）	2013年单位企业数量主营业务（亿元）
农副食品加工业	4 342.61	51.34	4 659.44	50.68	2.76	3.00
食品制造业	839.87	9.93	953.05	10.37	2.05	2.29
服装及其他纤维制品制造业	765.64	9.05	886.88	9.65	1.35	1.62
纺织业	431.27	5.10	493.50	5.37	1.29	1.57
饮料制造业	500.48	5.92	485.21	5.28	2.20	2.11
造纸及纸制品业	425.54	5.03	425.04	4.62	1.70	1.82

（续）

行业名称	2012年主营业务（亿元）	2012年主营业务占比（%）	2013年主营业务（亿元）	2013年主营业务占比（%）	2012年单位企业数量主营业务（亿元）	2013年单位企业数量主营业务（亿元）
木材加工及竹藤棕草制品业	364.87	4.31	417.36	4.54	1.92	2.14
家具制造业	337.02	3.98	364.35	3.96	2.11	2.24
皮革毛皮羽绒及其制品业	243.75	2.88	268.14	2.92	2.34	2.74
印刷业记录媒介的复制	139.87	1.65	165.91	1.80	1.31	1.51
烟草加工业	67.74	0.8	74.74	0.81	16.94	18.69

注：本表行业顺序按照2013年的主营业务收入排序。

从单位企业数量占比情况看，2013年位列12大类行业单位数量创造的主营业务收入前3位的分别是烟草加工业18.69亿元，农副食品加工业3亿元，皮革毛皮羽绒及其制品业2.74亿元。而总量排在2、3位的食品制造业（2.29亿元）和服装及其他纤维制品制造业（1.62亿元），单位企业数量创造的主营业务收入分别排名第4和第9位。印刷业记录媒介的复制单位数量创造的主营业务收入1.51亿元排名最后。可见，烟草加工业虽然总量最低（排名11位），但单位创收能力最强，农副食品加工业单位创收能力位列第2，而总量第3位的服装及其他纤维制品制造业，单位创收能力不强，反而总量排名第10位的皮革毛皮羽绒及其制品业，单位创收能力较强。可以看出，农副食品加工业和食品制造业无论是总量还是单位数量都表现出了较好的创收能力。

（3）利润总额

第一，33个细分行业中，农副食品加工业利润总额[①]在辽宁省

① 利税总额：指企业产品销售税金及附加加本年应交增值税加利润总额之和。

农产品加工业中创利能力最强；皮革毛皮羽毛及其制品和制鞋业无论在总量和单位利润总额中都表现出较好的创利能力。

在33个细分行业中，利润总额情况（表3－13），2012年利润总额农副食品加工业依旧高居榜首，为311.56亿元，占50.28%；其次是纺织服装服饰业、酒饮料和精制茶制造以及皮革毛皮羽毛及其制品和制鞋业，分别为47.86亿元、46.13亿元、31.71亿元，均超过30亿元，三个行业合计占20.29%；纺织业则退居第五位，仅为27.32亿元；而肥皂及合成洗涤剂制造、地毯挂毯制造2个行业利润总额竟然为负，出现亏损。到2013年，地毯挂毯制造业亏损局面并未改变，而位居前几位的农副食品加工业、酒饮料和精制茶制造、皮革毛皮羽毛及其制品和制鞋业、纺织业占比均有所小幅升降，总体比例结构没有改变。

表3－13　2012—2013年辽宁省农产品加工业33个细分行业的利润总额及其占比

行业名称	2012年利润总额（亿元）	2012年利润总额占比（%）	2013年利润总额（亿元）	2013年利润总额占比（%）	2012年单位企业利润总额（亿元）	2013年单位企业利润总额（亿元）
农副食品加工业	311.56	50.28	301.82	46.98	0.20	0.20
纺织服装、服饰业	47.86	7.72	53.52	8.33	0.09	0.10
酒、饮料和精制茶制造	46.13	7.45	40.47	6.30	0.20	0.18
皮革毛皮羽毛及其制品和制鞋业	31.71	5.12	37.58	5.85	0.31	0.39
纺织业	27.32	4.41	35.51	5.53	0.08	0.11
造纸和纸制品业	32.09	5.18	31.18	4.85	0.13	0.13
木制品制造	21.33	3.44	29.42	4.58	0.12	0.16
木质家具制造	17.06	2.75	19.07	2.97	0.12	0.13
印刷	11.87	1.92	13.70	2.13	0.12	0.13

（续）

行业名称	2012年利润总额（亿元）	2012年利润总额占比（%）	2013年利润总额（亿元）	2013年利润总额占比（%）	2012年单位企业利润总额（亿元）	2013年单位企业利润总额（亿元）
焙烤食品制造	10.91	1.76	10.40	1.62	0.24	0.24
中药饮片加工	5.85	0.94	9.35	1.46	0.10	0.15
乳制品制造	7.87	1.27	9.07	1.41	0.37	0.39
罐头食品制造	8.70	1.40	7.10	1.11	0.14	0.11
调味品、发酵制品制造	7.08	1.14	6.08	0.95	0.14	0.11
方便食品制造	5.29	0.85	5.43	0.85	0.17	0.16
营养食品制造	3.35	0.54	5.06	0.79	0.24	0.30
烟草制品业	4.51	0.73	4.81	0.75	1.13	1.20
中成药生产	5.32	0.86	4.73	0.74	0.13	0.11
糖果、巧克力及蜜饯制造	1.77	0.29	3.05	0.47	0.11	0.23
冷冻饮品及食用冰制造	3.13	0.51	2.78	0.43	0.14	0.15
天然植物纤维编织工艺品制造	2.47	0.40	2.67	0.42	0.11	0.13
保健食品制造	1.74	0.28	2.6	0.4	0.17	0.19
肥皂及合成洗涤剂制造	−0.06	−0.01	1.87	0.29	0.00	0.10
其他家具制造	0.89	0.14	1.48	0.23	0.08	0.13
食品及饲料添加剂制造	1.15	0.19	1.35	0.21	0.05	0.05
其他未列明的食品制造	0.32	0.05	0.62	0.1	0.04	0.09
动物胶制造	0.16	0.03	0.56	0.09	0.08	0.28
竹、藤、棕、草等制品制造	0.41	0.07	0.46	0.07	0.05	0.07
鬃毛加工、制刷及清扫工具的制造	0.28	0.05	0.37	0.06	0.14	0.19
纤维素纤维原料及纤维制造	0.87	0.14	0.18	0.03	0.44	0.06

（续）

行业名称	2012年利润总额（亿元）	2012年利润总额占比（%）	2013年利润总额（亿元）	2013年利润总额占比（%）	2012年单位企业利润总额（亿元）	2013年单位企业利润总额（亿元）
装订及印刷相关服务	0.47	0.08	0.15	0.02	0.07	0.03
地毯、挂毯制造	−0.05	−0.01	−0.03	0	−0.03	−0.02
竹、藤家具制造	0.22	0.04	—	—	—	—

注：本表行业顺序按照2013年的利润总额排序。

从单位企业数量占比情况看，2013年位列33个细分行业单位数量创造的利润总额前3位的分别是烟草加工业1.2亿元，其次为乳制品制造0.39亿元；皮革毛皮羽毛及其制品和制鞋业0.39亿元，农副食品加工业0.20亿元居第8位。而利润总额位居2～4位的纺织服装服饰业、酒饮料和精制茶制造以及皮革毛皮羽毛及其制品和制鞋业，单位数量创造的利润总额分别为0.1亿元、0.18亿元、0.39亿元，在33个细分行业中排名分别为26位、11位和3位。可见，烟草制品业（仅排名17位）和乳制品制造业（仅排名12位）虽然总量不高，但单位创利能力最强，农副食品加工业单位创利能力位列第8，皮革毛皮羽毛及其制品和制鞋业无论总量还是单位创利能力均较好。

第二，从所归属的12大类行业来看，农副食品加工业利润总额依旧在辽宁省农产品加工业中高居榜首；烟草加工业单位企业数量创利能力最强。

从33个细分行业所归属的12大类行业来看，2012年农副食品加工业利润总额（表3-14）居首为311.50亿元，其次为食品制造业62.64亿元和服装及其他纤维制品制造业51.20亿元，分别占到50.27%、10.11%、8.26%；而饮料制造业则位居第四位，达到46.13亿元，占7.45%；皮革毛皮羽绒及其制品业位居第五位，为31.99亿元，占5.16%。到2013年前几位占比结构未变，仅为小幅升降。烟草加工业仍然位居末位，2013年利润总额4.81亿元，仅占0.75%。

表3-14　2012—2013年辽宁省农产品加工业12大类行业的利润总额及其占比

行业名称	2012年利润总额（亿元）	2012年利润总额占比（%）	2013年利润总额（亿元）	2013年利润总额占比（%）	2012年单位企业数量利润额（亿元）	2013年单位企业数量利润额（亿元）
农副食品加工业	311.5	50.27	303.69	47.27	0.20	0.20
食品制造业	62.64	10.11	68.18	10.61	0.15	0.16
服装及其他纤维制品制造业	51.20	8.26	56.37	8.77	0.09	0.10
饮料制造业	46.13	7.45	40.47	6.30	0.20	0.18
皮革毛皮羽绒及其制品业	31.99	5.16	37.95	5.91	0.31	0.39
纺织业	27.27	4.40	35.48	5.52	0.08	0.11
造纸及纸制品业	32.09	5.18	31.18	4.85	0.13	0.13
木材加工及竹藤棕草制品业	21.74	3.51	29.88	4.65	0.11	0.15
家具制造业	18.17	2.93	20.55	3.20	0.11	0.13
印刷业记录媒介的复制	12.34	1.99	13.85	2.16	0.12	0.13
烟草加工业	4.51	0.73	4.81	0.75	1.13	1.20

注：本表行业顺序按照2013年的利润总额排序。

从单位企业数量占比情况看，2013年位列12大类行业单位数量创造的利润总额前3位的分别是烟草加工业1.2亿元，皮革毛皮羽绒及其制品业0.39亿元，农副食品加工业0.20亿元。而总量排在2、3位的食品制造业（0.16亿元）和服装及其他纤维制品制造业（0.10 亿元），单位数量创造的利润总额分别排名第 5 位和最后一位第 11 位。可见，烟草加工业虽然总量最低（排名 11 位），但单位创利能力最强，而总量第 3 位的服装及其他纤维制品制造业，单位创利能力不强，反而总量排名第 5 位的皮革毛皮羽绒及其制品业，单位创利能力较强。同时可以看出，农副食品加工业和食品制造业无论是总量还是单位数量都表现出了较好的创利能力。

（4）应交增值税

第一，在 33 个细分行业中，农副食品加工业应交增值税额[①]在辽宁省农产品加工业中创税能力居首；而烟草加工业成为单位企业数量创税大户。

在 33 个细分行业中，本年应交增值税额情况（表 3－15），2012 年应交增值税额农副食品加工业为 82.65 亿元，占 44.79%；其次是纺织服装服饰业、酒饮料和精制茶制造和纺织业，分别为 15.64 亿元、13.02 亿元、10.87 亿元，造纸和纸制品业则位居第五为 10.58 亿元；值得一提的是，烟草加工业摆脱了最末位置，跃升到第六位，达到 7.65 亿元，占 4.15%。而保健食品制造、鬃毛加工制刷及清扫工具的制造、竹藤棕草等制品制造、其他未列明的食品制造、装订及印刷相关服务、地毯挂毯制造、竹藤家具制造、动物胶制造等行业创税能力均为超过 0.1%，像动物胶制造增值税额为 0。到 2013 年，纺织业上升为第三位，酒饮料和精制茶制造则退居第四，而创税能力较弱的保健食品制造、鬃毛加工制刷及清扫工具的制造、竹藤棕草等制品制造、其他未列明的食品制造、装订及印刷相关服务、地毯挂毯制造、竹藤家具制造、动物胶制造等行业除保健食品制造业应交增值税额由 2012 年的 0.12 亿元增加到 2013 年的 0.30 亿元，其他行业创税能力基本没太大改变。

---

① 应交增值税：指企业在报告期内应交纳的增值税额。

表 3-15 2012—2013 年辽宁省农产品加工业 33 个细分行业的应交增值税及其占比

行业名称	2012 年应交增值税（亿元）	2012 年应交增值税占比（%）	2013 年应交增值税（亿元）	2013 年应交增值税占比（%）	2012 年单位企业应交增值税（亿元）	2013 年单位企业应交增值税（亿元）
农副食品加工业	82.65	44.79	98.45	47.01	0.053	0.064
纺织服装、服饰业	15.64	8.48	18.62	8.89	0.029	0.036
纺织业	10.87	5.89	14.93	7.13	0.033	0.048
酒、饮料和精制茶制造	13.02	7.06	13.61	6.5	0.057	0.059
造纸和纸制品业	10.58	5.73	9.89	4.72	0.042	0.042
烟草制品业	7.65	4.15	8.23	3.93	1.913	2.058
木质家具制造	7.77	4.21	7.04	3.36	0.053	0.046
中药饮片加工	3.99	2.16	5.18	2.47	0.067	0.084
木制品制造	6.09	3.3	4.65	2.22	0.033	0.025
罐头食品制造	2.85	1.54	4.16	1.99	0.047	0.067
印刷	2.70	1.46	3.35	1.60	0.027	0.032
皮革毛皮羽毛及其制品和制鞋业	2.55	1.38	2.57	1.23	0.025	0.027
调味品、发酵制品制造	1.79	0.97	2.53	1.21	0.034	0.048
焙烤食品制造	1.63	0.88	2.46	1.17	0.035	0.056
中成药生产	2.56	1.39	2.42	1.16	0.061	0.058
营养食品制造	3.05	1.65	2.31	1.10	0.218	0.136
方便食品制造	2.19	1.19	2.16	1.03	0.071	0.065
乳制品制造	2.03	1.10	1.96	0.94	0.097	0.085
冷冻饮品及食用冰制造	0.70	0.38	0.84	0.40	0.032	0.044
肥皂及合成洗涤剂制造	1.13	0.61	0.77	0.37	0.054	0.043
糖果、巧克力及蜜饯制造	0.53	0.29	0.65	0.31	0.033	0.050
天然植物纤维编织工艺品制造	0.83	0.45	0.63	0.30	0.036	0.030
食品及饲料添加剂制造	0.51	0.28	0.50	0.24	0.021	0.019

（续）

行业名称	2012年应交增值税（亿元）	2012年应交增值税占比（%）	2013年应交增值税（亿元）	2013年应交增值税占比（%）	2012年单位企业应交增值税（亿元）	2013年单位企业应交增值税（亿元）
纤维素纤维原料及纤维制造	0.42	0.23	0.45	0.21	0.210	0.150
其他家具制造	0.29	0.16	0.39	0.19	0.026	0.035
保健食品制造	0.12	0.07	0.30	0.14	0.012	0.021
鬃毛加工、制刷及清扫工具的制造	0.06	0.03	0.11	0.05	0.030	0.055
竹、藤、棕、草等制品制造	0.05	0.03	0.08	0.04	0.006	0.011
其他未列明的食品制造	0.16	0.09	0.07	0.03	0.023	0.014
装订及印刷相关服务	0.08	0.04	0.07	0.03	0.009	0.010
地毯、挂毯制造	0.01	0.01	0.02	0.01	0.005	0.010
动物胶制造	0	0	0	0	0.000	0.000
竹、藤家具制造	0.01	0.01	—	—	—	—

注：本表行业顺序按照2013年的应交增值税排序。

从单位企业数量占比情况看，2013年位列33个细分行业单位数量创造的应交增值税额前4位的分别是烟草加工业2.058亿元，其次为纤维素纤维原料及纤维制造1 500万元；营养食品制造1 360万元；乳制品制造850万元，农副食品加工业640万元居第8位。而利润总额位居2～4位的纺织服装服饰业、酒饮料和精制茶制造和纺织业，单位数量创造的利润总额分别为360万元、590万元和480万元，在33个细分行业中排名分别为20位、9位和15位。可见，烟草制品业、纤维素纤维原料及纤维制造、营养食品制造、乳制品制造业单位创税能力强，农副食品加工业单位创税能力位列第8。

第二，从所归属的12大类行业来看，农副食品加工业、食品制造业应交增值税额在辽宁省农产品加工业中创税强劲，而烟草加工业纳税能力提升迅速；烟草加工业单位税额最高，农副食品加工业和食品制造业单位数量也都表现出了较好的创税能力。

从33个细分行业所归属的12大类行业来看，2012年农副食品加工业本年应交增值税额（表3-16）依旧居首为83.78亿元，其次为食品制造业22.03亿元和服装及其他纤维制品制造业16.89亿元，分别占到45.40%、11.94%和9.15%；饮料制造业则位居第4位，达到13.02亿元，占7.06%，其次是纺织业、造纸及纸制品业，均超过10亿元，分别占5.90%、5.73%；烟草加工业，跃升到第8位，达到7.65亿元，占4.15%。到2013年前三位占比结构未变，烟草加工业跃升至第7位，达到8.23亿元。印刷业记录媒介的复制、皮革毛皮羽绒及其制品业成为创税能力较弱的行业，分别位于后两位。

表3-16　2012—2013年辽宁省农产品加工业12大类行业的应交增值税及其占比

行业名称	2012年应交增值税（亿元）	2012年应交增值税占比（%）	2013年应交增值税（亿元）	2013年应交增值税占比（%）	2012年单位企业数量应交增值税（亿元）	2013年单位企业数量应交增值税（亿元）
农副食品加工业	83.78	45.40	99.22	47.38	0.053	0.064
食品制造业	22.03	11.94	25.54	12.20	0.054	0.061
服装及其他纤维制品制造业	16.89	9.15	19.70	9.41	0.030	0.036
纺织业	10.88	5.90	14.95	7.14	0.032	0.047
饮料制造业	13.02	7.06	13.61	6.50	0.057	0.059
造纸及纸制品业	10.58	5.73	9.89	4.72	0.042	0.042
烟草加工业	7.65	4.15	8.23	3.93	1.913	2.058
家具制造业	8.07	4.37	7.43	3.55	0.050	0.046

（续）

行业名称	2012年应交增值税（亿元）	2012年应交增值税占比（%）	2013年应交增值税（亿元）	2013年应交增值税占比（%）	2012年单位企业数量应交增值税（亿元）	2013年单位企业数量应交增值税（亿元）
木材加工及竹藤棕草制品业	6.14	3.33	4.73	2.26	0.032	0.024
印刷业记录媒介的复制	2.86	1.55	3.42	1.63	0.027	0.031
皮革毛皮羽绒及其制品业	2.61	1.41	2.68	1.28	0.025	0.027

注：本表行业顺序按照2013年的应交增值税排序。

从单位企业数量占比情况看，2013年位列12大类行业单位数量创造的应交增值税额前3位的分别是烟草加工业2.058亿元，农副食品加工业640万元，食品制造业610万元。可见，烟草加工业虽然总量只排名第7位，但单位创税能力最强，同时可以看出，农副食品加工业和食品制造业无论是总量还是单位数量都表现出了较好的创税能力。

3.2.3 行业规模

我们以从业人员年均人数来反映行业总体规模，比较细分行业吸纳就业能力。可以看出：

第一，在33个细分行业中，农副食品加工业吸纳就业能力最强。

在33个细分行业中，全部从业人员年均人数①情况（表3-

① 全部从业人员年均人数：指在企业工作并取得劳动报酬的全部人员数，包括在岗职工，再就业的离退休人员、民办交售及在全企业工作的外放人员和港澳台人员、兼职人员、借用的外单位人员和第二职业者，不包括离开本单位但仍保留劳动关系的职工。

全部从业人员平均人数：指报告期内每天平均拥有的从业人员人数。年平均人数是以报告年内每天实有的全部人数相加之和，被报告天数的日历数除求得。

17），2012年全部从业人员年均人数最高的是农副食品加工业，为30.40万人，占39.46%；其次是纺织服装服饰业、纺织业、酒饮料和精制茶制造、造纸和纸制品业，分别为14万人、6.47万人、4.17万人、3.83万人；木质家具制造、木制品制造位居分6、7位，分别为3.64万人、2.63万人；而像保健食品制造、鬃毛加工制刷及清扫工具的制造、其他未列明的食品制造、竹藤棕草等制品制造、地毯挂毯制造、动物胶制造、竹藤家具制造等7个行业就业能力最弱，低于千人。到2013年，前7位比例结构未发生改变，而竹藤家具制造则退出行业竞争。

表3-17　2012—2013年辽宁省农产品加工业33个细分行业的全部从业人员年均人数及其占比

行业名称	2012年从业人数年均人数（万人）	2012年从业人数年均人数占比（%）	2013年从业人数年均人数（万人）	2013年从业人数年均人数占比（%）	2012年单位从业人数（万人）	2013年单位从业人数（万人）
农副食品加工业	30.40	39.46	29.72	39.32	0.020	0.019
纺织服装、服饰业	14.00	18.17	13.93	18.43	0.026	0.027
纺织业	6.47	8.4	5.44	7.2	0.019	0.017
酒、饮料和精制茶制造	4.17	5.41	3.9	5.16	0.018	0.017
造纸和纸制品业	3.83	4.97	3.75	4.96	0.015	0.016
木质家具制造	3.64	4.72	3.61	4.78	0.025	0.024
木制品制造	2.63	3.41	3.01	3.98	0.014	0.016
皮革毛皮羽毛及其制品和制鞋业	1.84	2.39	1.58	2.09	0.018	0.016
罐头食品制造	1.1	1.43	1.46	1.93	0.018	0.024
印刷	1.3	1.69	1.39	1.84	0.013	0.013
乳制品制造	0.75	0.97	0.91	1.2	0.036	0.040
焙烤食品制造	0.98	1.27	0.89	1.18	0.021	0.020
方便食品制造	0.8	1.04	0.83	1.1	0.026	0.025

（续）

行业名称	2012年从业人数年均人数（万人）	2012年从业人数年均人数占比（%）	2013年从业人数年均人数（万人）	2013年从业人数年均人数占比（%）	2012年单位从业人数（万人）	2013年单位从业人数（万人）
中成药生产	0.75	0.97	0.78	1.03	0.018	0.019
调味品、发酵制品制造	0.75	0.97	0.75	0.99	0.014	0.014
中药饮片加工	0.56	0.73	0.58	0.77	0.009	0.009
营养食品制造	0.44	0.57	0.55	0.73	0.031	0.032
纤维素纤维原料及纤维制造	0.18	0.23	0.35	0.46	0.090	0.117
冷冻饮品及食用冰制造	0.46	0.6	0.33	0.44	0.021	0.017
食品及饲料添加剂制造	0.25	0.32	0.29	0.38	0.010	0.011
天然植物纤维编织工艺品制造	0.28	0.36	0.27	0.36	0.012	0.013
肥皂及合成洗涤剂制造	0.41	0.53	0.25	0.33	0.020	0.014
其他家具制造	0.19	0.25	0.22	0.29	0.017	0.020
烟草制品业	0.2	0.26	0.22	0.29	0.050	0.055
保健食品制造	0.09	0.12	0.14	0.19	0.009	0.010
糖果、巧克力及蜜饯制造	0.17	0.22	0.13	0.17	0.011	0.010
鬃毛加工、制刷及清扫工具的制造	0.08	0.1	0.09	0.12	0.040	0.045
装订及印刷相关服务	0.11	0.14	0.08	0.11	0.016	0.016
其他未列明的食品制造	0.07	0.09	0.05	0.07	0.008	0.007
地毯、挂毯制造	0.04	0.05	0.04	0.05	0.020	0.020
竹、藤、棕、草等制品制造	0.07	0.09	0.04	0.05	0.009	0.006
动物胶制造	0.01	0.01	0.01	0.01	0.005	0.005
竹、藤家具制造	0.01	0.01	—	—	0.010	—

注：本表行业顺序按照2013年的全部从业人员年均人数排序。

从单位企业数量占比情况看，2013 年位列 33 个细分行业单位数量吸纳从业人员前 4 位的分别是纤维素纤维原料及纤维制造 1 170人，其次为烟草制品业 550 人；鬃毛加工、制刷及清扫工具的制造 450 人；乳制品制造 400 人，营养食品制造 320 人，农副食品加工业 190 人居第 13 位。可见，纤维素纤维原料及纤维制造、烟草制品业、“鬃毛加工、制刷及清扫工具的制造”、乳制品制造业、营养食品制造单位吸纳从业人员能力强。

第二，从所归属的 12 大类行业来看，农副食品加工业仍然承载着吸纳就业的社会责任，榜首地位无人撼动；而纳税大户烟草业吸纳就业的能力有限。

从 33 个细分行业所归属的 12 大类行业来看，2012 年农副食品加工业全部从业人员年均人数（表 3－18）居首为 30.81 万人，其次为服装及其他纤维制品制造业食品制造业、纺织业、饮料制造业分别为 14.46 万人、7.18 万人、6.51 万人、4.17 万人，家具制造业、造纸及纸制品业则位居 6、7 位，为 3.84 万人和 3.83 万人。而烟草加工业排名垫底，仅为 2 000 人。到 2013 年前七位占比结构未变，而印刷业记录媒介的复制、烟草加工业位于后两位。

表 3－18　2012—2013 年辽宁省农产品加工业 12 大类行业的全部从业人员年均人数及其占比

行业名称	2012 年从业人数年均人数（万人）	2012 年从业人数年均人数占比（%）	2013 年从业人数年均人数（万人）	2013 年从业人数年均人数占比（%）	2012 年单位从业人数（万人）	2013 年单位从业人数（万人）
农副食品加工业	30.81	39.99	29.97	39.65	0.019 6	0.019 3
服装及其他纤维制品制造业	14.46	18.77	14.55	19.25	0.025 5	0.026 6
食品制造业	7.18	9.32	7.7	10.19	0.017 5	0.018 5

（续）

行业名称	2012 年从业人数年均人数（万人）	2012 年从业人数年均人数占比（%）	2013 年从业人数年均人数（万人）	2013 年从业人数年均人数占比（%）	2012 年单位从业人数（万人）	2013 年单位从业人数（万人）
纺织业	6.51	8.45	5.48	7.25	0.019 4	0.017 4
饮料制造业	4.17	5.41	3.9	5.16	0.018 4	0.017 0
家具制造业	3.84	4.98	3.83	5.07	0.024 0	0.023 5
造纸及纸制品业	3.83	4.97	3.75	4.96	0.015 3	0.016 1
木材加工及竹藤棕草制品业	2.7	3.5	3.05	4.04	0.014 2	0.015 6
皮革毛皮羽绒及其制品业	1.92	2.49	1.67	2.21	0.018 5	0.017 0
印刷业记录媒介的复制	1.41	1.83	1.47	1.94	0.013 2	0.013 4
烟草加工业	0.2	0.26	0.22	0.29	0.050 0	0.055 0

注：本表行业顺序按照 2013 年的全部从业人员年均人数排序。

从单位企业数量占比情况看，2013 年位列 12 大类行业单位数量吸纳从业人员前 4 位的分别是烟草制品业 550 人，服装及其他纤维制品制造业 266 人，家具制造 235 人，农副食品加工业 193 人。可见，农副食品加工业单位吸纳从业人员能力也很强。

小结

通过本节宏观描述性分析，可以从细分行业对辽宁省农产品加工业发展有了一个清晰的认识。根据企业数量、经济总量和行业规模分析结果，我们能够进一步确认辽宁省农产品加工业行业结构特征，从 33 个细分行业看，农副食品加工业为主，“纺织服装、服饰业”、纺织业、造纸和纸制品业、“酒、饮料和精制茶制造业”等行业为辅的行业兼顾的行业结构特征明显。从所归属的12大类行业来看，以农副食品加工业为主，服装及其他纤维制品制造业、食品制造业、纺织业等行业兼顾的行业结构特征比较稳定。

3.3　本章总结

通过第一节行业总体发展的分析以及第二节细分行业结构特征的宏观描述性分析，可以看出辽宁省农产品加工业发展呈现如下特点：

（1）规模以上农产品加工业总量上增长显著。2008—2013年，辽宁省规模以上农产品加工企业数量尽管在“十一五”向“十二五”过渡期间虽发生了剧烈的波动，但进入“十二五”以后，企业数量基本稳定。随着辽宁省规模以上农产品加工企业数量的回落，企业的整合集聚效应凸显，辽宁省规模以上农产品加工业企业的资产和主营业务收入大幅度提升，同时企业创税能力及吸纳就业能力增强，对社会的贡献及国民经济发展的促进作用也越来越大。

（2）农副食品加工企业规模最大，发展最为迅速。2008—2013年，辽宁省规模以上农副食品加工企业数量稳步增长，资产和主营业务收入快速增长，企业利税大幅攀升，并保持了稳定的就业能力。可以看出，农副食品加工业已经形成辽宁省农产品加工业的优势主导产业。

（3）其他农产品加工业发展较均衡，增速较快。2008—2013年，辽宁省其他农产品加工企业数量总体发展平稳，没有大幅起落，呈现略减趋势。在规模以上其他农产品加工企业中，总体发展较均衡，烟草业资产总额增幅最高，造纸和纸制品业主营业务收入及利税总额增幅最快，酒饮料和精制茶制造吸纳的从业人员增幅最大，而纺织业、烟草业和纺织服装服饰业吸纳的从业人员出现了减幅。

（4）行业结构特征明显，各行业发展均衡。第一，辽宁省农产品加工业涵盖所有的33个细分行业。并且辽宁省农产品加工业以农副食品加工业为主，“纺织服装、服饰业”、纺织业、造纸和纸制品业、“酒、饮料和精制茶制造业”等行业为辅的行业兼顾的行业结构特征明显。从规模和经济总量上看，农副食品加工业在创收、创利、创税及吸纳就业能力上占据首位，进一步证明了农副食品加工业的优势主导地位。而纺织服装服饰业、纺织业、造纸和纸制品业、酒饮料和精制茶制造紧随其后，居于2～5位。从单位数量占比情况看，烟草制品业和乳制品制造业单位创收、创利及创税能力较强。第二，辽宁省农产品加工业涵盖所归属的12个行业中的11个。并呈现出以农副食品加工业为主，服装及其他纤维制品制造业、食品制造业、纺织业为辅的行业兼顾的行业结构特征，且这种结构特征比较稳定。在所归属的12大类行业中，总量上看，农副食品加工业无论创收、创利、创税及就业能力都位居首位，其次为食品制造业、服装及其他纤维制品制造业和纺织业。从单位数量占比情况看，农副食品加工业和食品制造业也都表现出了较好的创收、创利能力，而烟草加工业成为创收、创利、创税大户。

第四章　辽宁省农产品加工业的区域分布：空间特征

产业的空间布局既是市场效率的表征，也是决定效率的重要因素。第三章从纵向的“统”、“分”两个层面展现了辽宁省2008—2013年农产品加工业发展现状，还着重分析了其内部行业结构特征，对辽宁省农产品加工业发展轮廓有了基本刻画。那么，辽宁省农产品加工业从横向看，在省内14个地区上的区域分布空间特征如何？这是本章所思考和解决的问题。本章利用相关数据深入分析辽宁省农产品加工业在省内14个地区上的区域分布空间特征，为提高辽宁省农产品加工业相关政策的区域精准性提供依据。

本章拟解决的问题：①辽宁省的农产品加工业在省内14个地区上的区域分布特征；②不同区域内辽宁省农产品加工重点龙头企业发展状况及特征。

本章分析所用数据来自于辽宁省农业委员会关于全省及14个地区2010—2014年农产品加工行业相关情况监测数据库。由于特殊原因无法获得2011年数据，最后只有2010、2012、2013和2014年数据。首先，利用4年监测数据对全省所有农产品加工企业在14个地区的分布情况进行统计描述，主要对企业数量、生产能力、利税贡献和出口贸易四个方面的区域分布情况进行分析。其次，利用2014年480家农产品加工龙头企业的监测数据进一步对这些企业的个数、产值、利税等方面的区域分布空间特征进行统计分析。

4.1 加工企业的区域分布特征

本节所用数据来自于辽宁省农业委员会关于全省及 14 个地区 2010—2014 年农产品加工行业监测数据库，利用该数据对全省所有农产品加工企业 14 个地区的分布情况进行统计描述，主要对企业数量、生产能力、利税贡献和出口贸易四个方面的区域分布情况进行分析。

4.1.1 企业数量

2010 年辽宁省 14 个地区农产品加工业企业数量前四位是大连、沈阳、铁岭和鞍山，分别为 1 451 个、1 159 个、457 个和 431 个[①]（图 4 - 1），分别占全省的 27.03%、21.59%、8.51% 和 8.03%。排名后两位的是葫芦岛和阜新，分别为 98 个、96 个，占全省的 1.83%、1.79%。2014 年，沈阳和大连位居前两位，分别为 868 个和 843 个，占全省的 23.10% 和 22.43%，两市农产品加工企业数量接近全省的半数；鞍山和锦州数量分别排在第 3 和第 4 位，分别占全省的 7.45% 和 6.81%，企业数量前八位的地区没变，只是排名发生了变化。盘锦、本溪、朝阳、辽阳、葫芦岛数量最少，均未超过 100 个，葫芦岛仅为 81 个。从 14 个地市来看，只有阜新企业数量呈现增长趋势，由 2010 年的 96 个增加到 2014 年的 145 个，增幅达 51%，排名由 14 位跃居第 9 位。农产品加工企业数量减幅最大的城市是铁岭，从 2010 年的 457 个减到 2014 年的 250 个，减幅达 45.3%。

数据显示，2010—2014 年，辽宁省 14 个地区农产品加工业企业数量总体呈减少趋势，表明辽宁省区域农产品加工业由 2010 年

① 数据来源：《辽宁省统计年鉴》（2010—2014）。

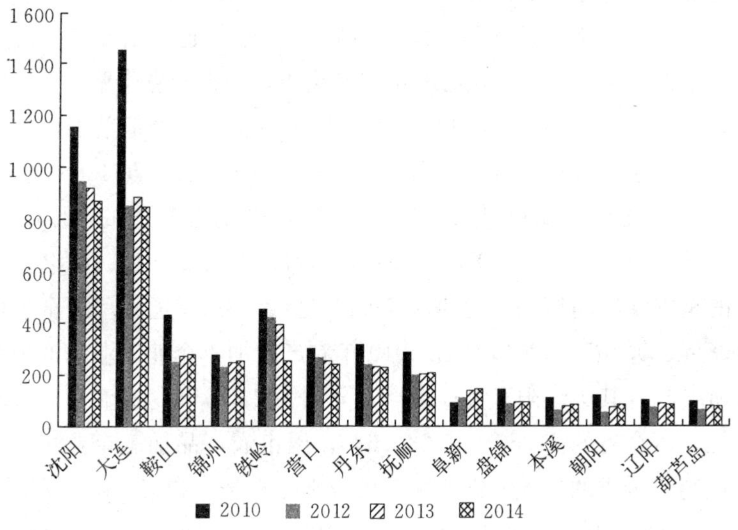

图 4-1　2010—2014 年辽宁省 14 个地区农产品加工企业单位数量情况

的数量优势，开始向质量优势发展，产业集聚使产业数量优化升级，并向沈阳、大连等中心城市集聚。沈阳和大连占据了全省近半的企业数量，已经成为农产品加工业重要的聚集地。而阜新企业数量的快速增幅，或许也能说明作为辽宁省重要的农副产品基地，也在进行产业的转型升级，由原来的产业少，开始形成产业输入，打造农副产品产业集聚基地。而铁岭的大幅下滑，也可以说明铁岭由原来农产品加工的集散地，开始进行产业升级，劣势产业被归并、整合和输出。

4.1.2　生产能力

在这里选取的是年鉴中可以获取的工业总产值[①]和主营业务收

① 工业总产值是反映一个国家或地区在一定时期内工业生产的总规模和总水平的重要指标。

入为生产能力考核指标对14个地区生产能力做一比对。

第一，2010—2014年，辽宁省农产品加工业工业总产值总体稳步增长，沈阳、大连核心城市贡献突出，占据全省半壁江山。

2010年辽宁省14个地区农产品加工业工业总产值前四位的为沈阳、大连、铁岭、锦州，分别为1 959.6亿元、1 534.88亿元、628.48亿元和353.66亿元（图4-2），分别占全省的32.37%、25.36%、10.38%和5.84%，鞍山和营口排名5、6位。排名后两位的是本溪和葫芦岛，分别为59.23亿元、46.3亿元，占全省的0.98%、0.76%。2014年比2010年农产品加工企业工业总产值均有所增幅，其中沈阳和大连最高，分别为2 826.4亿元和2 127.58亿元，占全省的31.57%和23.76%，两市农产品加工企业工业总产值超过全省的半数。锦州和鞍山分别排在第3和第4位，分别为780.55亿元和516.52亿元，占全省的8.72%和5.77%。葫芦岛和朝阳农产品加工业工业总产值最低，分别为116.99亿元和

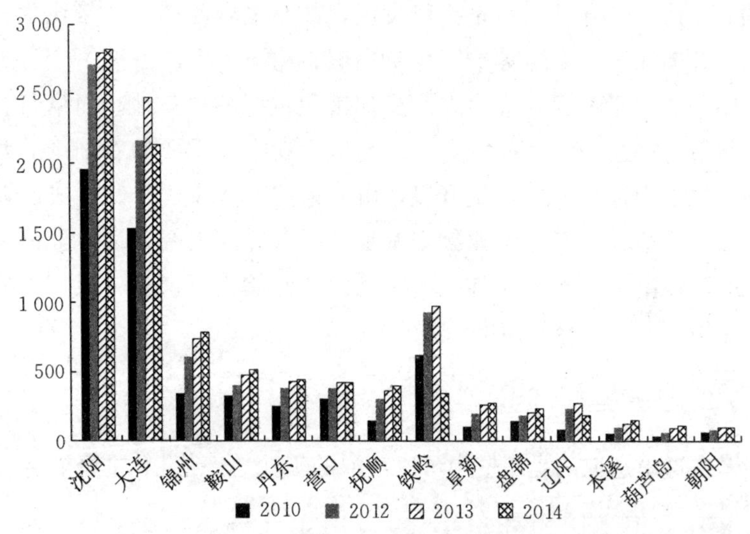

图4-2　2010—2014年辽宁省14个地区农产品加工企业工业总产值情况

102.49 亿元，占全省的 1.31%和 1.14%。而铁岭由第 3 位，下跌到第 8 位，产值仅为 349.89 亿元，占全省的 3.91%，跌幅达 44.33%。

从表 4-1 产值增减情况看，葫芦岛 2014 年农产品加工企业工业总产值同比上年增幅最大，达到 25.3%，其次是本溪达到 21.5%；而铁岭同比上年减幅最大，达到 55.4%，而大连减幅也较大，达到 11.7%。

表 4-1　2010—2014 年辽宁省 14 个地区农产品加工企业工业总产值增减情况

单位：%

地区	2010	2012	2013	2014
全省	34.74	22.15	13.64	−4.7
鞍山	28.27	20.45	18.32	6.2
本溪	61.52	43.17	34.22	21.5
朝阳	13.53	18.24	12.25	−4.0
大连	31.18	21.59	13.36	−11.7
丹东	34.79	19.55	13.63	4.9
抚顺	76.04	29.68	17.01	7.7
阜新	34.80	26.32	27.81	5.7
葫芦岛	33.75	47.24	24.28	25.3
锦州	53.76	23.99	19.21	5.2
辽阳	68.40	43.67	18.03	26.0
盘锦	55.65	40.66	14.54	15.2
沈阳	25.78	20.96	11.68	0.4
铁岭	59.89	16.00	7.71	−55.4
营口	28.23	16.88	7.68	4.4

第二，2010—2014 年，辽宁省农产品加工业区域主营业务收入增幅明显，沈阳、大连、锦州、鞍山、营口等城市排名前列。

2010 年辽宁省 14 个地区农产品加工业主营业务收入前四位的为沈阳、大连、铁岭、锦州，分别为 1 908.11 亿元、1 308.3 亿元、618.66 亿元和 340.1 亿元（图 4 - 3），分别占全省的 33.52%、22.98%、10.87%和 5.97%。排名后两位的是本溪和葫芦岛，分别为 52.83 亿元、40.27 亿元，占全省的 0.93%、0.71%。2014 年农产品加工业主营业务收入前四位的为沈阳、大连、锦州、鞍山，分别达 2 752.3 亿元、1 916.7 亿元、749.7 亿元和 506.7 亿元，分别占全省的 32.22%、22.44%、8.78%和 5.93%。葫芦岛和朝阳排名最后，分别为 103.6 亿元和 97.4 亿元，占全省的 1.21%和 1.14%。而铁岭同样由第 3 位，下跌到第 8 位，主营业务收入仅为 338.4 亿元，占全省的 3.69%，跌幅达 45.3%。

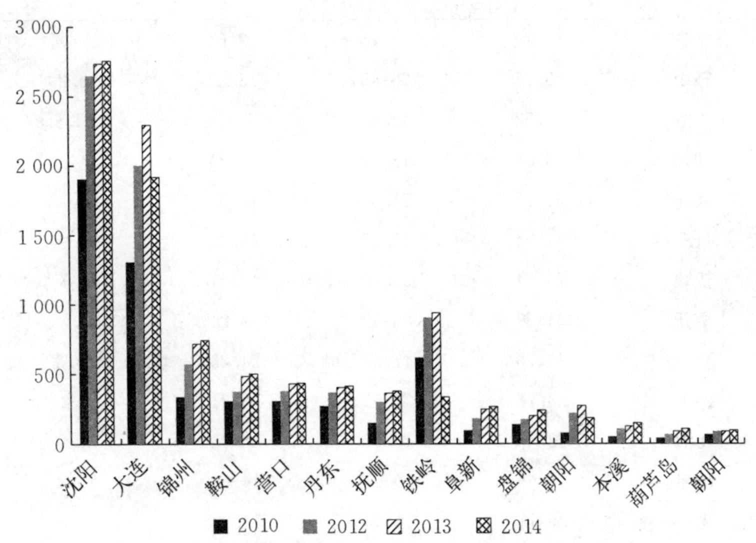

图 4 - 3　2010—2014 年辽宁省 14 个地区农产品加工企业主营业务收入情况

从表 4 - 2 主营业务收入增减情况看，2014 年辽阳和本溪农产品加工主营业务收入同比上年增幅最大，分别为 30.2%和 21.8%，其次是葫芦岛和盘锦，达到 16.8%、13.9%；而铁岭同比上年减幅最大，达到55.5%，而大连也有较大减幅，达到14%，而沈阳也同比下降0.3%。

表4-2　2010—2014年辽宁省14个地区农产品加工企业主营业务收入增减

单位：%

地区	2010	2012	2013	2014
全省	35.5	19.9	14.5	−5.7
鞍山	41.31	16	24.5	3.5
本溪	72.93	34.4	37.8	21.8
朝阳	13.61	22.5	3.7	1.2
大连	27.45	18.1	13.3	−14
丹东	44.21	15.3	10.2	5.7
抚顺	80.33	26.5	19.7	4.8
阜新	38.05	25.5	29.1	7.3
葫芦岛	25.49	41.5	22.6	16.8
锦州	55.45	23.8	20.9	3.1
辽阳	63.68	48	19.7	30.2
盘锦	66.77	37.7	15.9	13.9
沈阳	24.85	19.1	12.7	−0.3
铁岭	62.98	14.6	7.5	−55.5
营口	33.22	15.3	13.2	2.2

以上数据显示，2010—2014年，辽宁省14个地区农产品加工业工业总产值和主营业收入总体呈增长趋势。这种趋势进一步验证了产业集聚和产业优化升级带来的产业生产能力的提升，这是一种良性发展的趋势。从地区生产能力看，沈阳和大连为第一集团位居前两位，锦州、鞍山作为第二集团紧随其后，排名3、4位。丹东、营口、抚顺、铁岭作为第三集团位居中游，排名5～8位，而阜新、盘锦、辽阳、本溪、葫芦岛、朝阳作为第四集团位

于9～14位。

从产值及主营业务收入增减情况看，葫芦岛、本溪虽然排名靠后，但其农产品加工业工业总产值同比上年增幅较大；辽阳和本溪农产品加工主营业务收入同比上年增幅最大，葫芦岛和盘锦也出现了一定的增幅。而铁岭和大连在两项指标上都出现了较大的减幅。

4.1.3 利税贡献

2010年辽宁省14个地区农产品加工业利税总额前两位为沈阳、大连，分别为145.66亿元、73.61亿元（图4-4），分别占全省的36.38%、18.39%，而锦州和营口排名3、4位，利税总额分为41.27亿元、38.14亿元，占全省的11.86%、9.39%。排名后两位的是朝阳和本溪，分别为3.33亿元、3.22亿元，占全省的0.83%、0.80%。2014年农产品加工企业利税总额前四位位置没

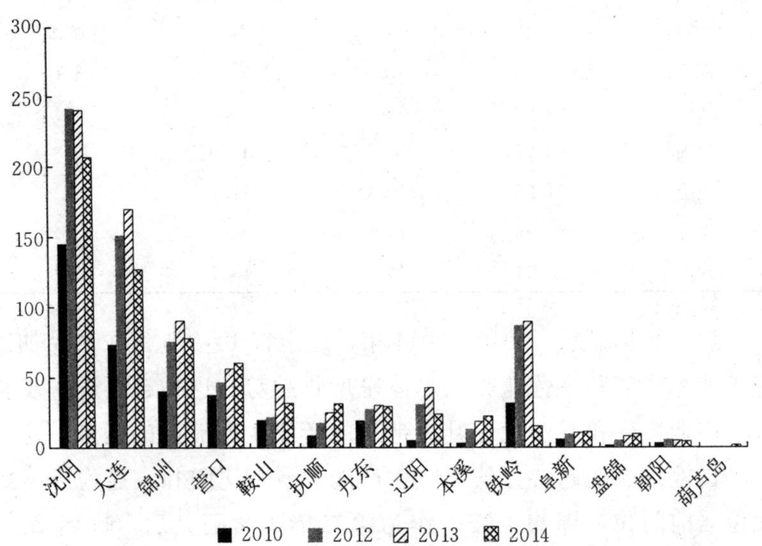

图4-4　2010—2014年辽宁省14个地区农产品加工企业利税总额情况

变，依然为沈阳、大连、锦州和营口，分别为207.8亿元、127.7亿元、78亿元、61.8亿元，分别占全省的31.59%、19.41%、11.86%、9.39%。后两位朝阳位置没变，利税总额为4.8亿元，占全省的0.73%；而葫芦岛取代本溪排名末位，利税总额分别为2.1亿元，仅占全省的0.32%。

从表4－3利税总额增减情况看，2014年抚顺和营口农产品加工利税总额同比上年增幅最大，分别为5.6%和5.1%，其次是本溪和辽阳，达到3.2%、2.5%；而铁岭同比上年减幅最大，达到55.4%，其次大连也有较大减幅，达到38.1%，而沈阳也同比下降35%；鞍山和锦州也同比上年减幅13.4%和13.1%。其他地区增减幅度不大。

表4－3　2010—2014年辽宁省14个地区农产品加工企业利税总额增减

单位：%

地区	2010	2012	2013	2014
全省	127.03	176.2	118.8	−135.4
鞍山	8.21	4.2	20.8	−13.4
本溪	0.03	5.3	8.4	3.2
朝阳	0.32	0.8	−0.8	−1.1
大连	17.00	45.5	19.3	−38.1
丹东	4.36	5.2	2.5	0.4
抚顺	3.29	4.5	7.2	5.6
阜新	1.64	1.8	1	0.5
葫芦岛	0.16	0.2	−0.2	1
锦州	16.76	16.5	12.8	−13.1
辽阳	1.54	12.4	11.2	2.5
盘锦	−0.57	2.2	2.2	2.4
沈阳	40.56	34.1	19.2	−35
铁岭	21.33	38.7	5.9	−55.4
营口	12.42	5.1	9.3	5.1

以上数据显示，2010—2014年，辽宁省14个地区农产品加工业利税总额增幅显著。利税大户的沈阳和大连作为第一集团位置没变。利税贡献较大的第二集团为锦州和营口，排名3、4位。而铁岭从第二集团跌入第三集团与鞍山、丹东、抚顺位居中游，排名5～8位，而第四集团地区没变，只是排名的变化，阜新、盘锦、辽阳、本溪、葫芦岛、朝阳依次位于9～14位。

从利税总额增减情况看，抚顺和营口同比上年增幅最大，其次是本溪和辽阳；而铁岭、大连、沈阳同比都出现了较大减幅；鞍山和锦州也出现了不同程度的减幅。

4.1.4 出口贸易

出口交货值是衡量工业企业生产的产品进入国际市场的一个重要指标，是现阶段衡量我国大型工业企业融入世界经济的一个主要参数。

2010年辽宁省14个地区农产品加工业出口交货值前四位的为大连、丹东、营口、锦州，分别为482.18亿元、70.65亿元、48.44亿元和18.67亿元（图4-5），分别占全省的71.07%、10.41%、7.14%和2.75%；而省会城市沈阳出口交货值为13.23亿元，仅占全省的1.95%，居全省的第5位。排名后两位的是葫芦岛和朝阳，分别为2.31亿元、1.53亿元，占全省的0.34%、0.23%。2014年农产品加工企业出口交货值前三位的依然为大连、丹东、营口，分别达632.8亿元、111.87亿元和56.78亿元，分别占全省的67.19%、11.88%和6.03%，葫芦岛跃升为第四位，达41.95亿元，占全省的4.45%；而省会城市沈阳出口交货值为23.5亿元，居全省的第6位，仅占全省的2.50%。

从表4-4出口交货值增减情况看，2014年丹东和辽阳农产品加工出口交货值同比上年增幅最大，分别为41.8%和40.3%，其次是葫芦岛和本溪，达到31.5%、20.5%；而铁岭同比上年减幅

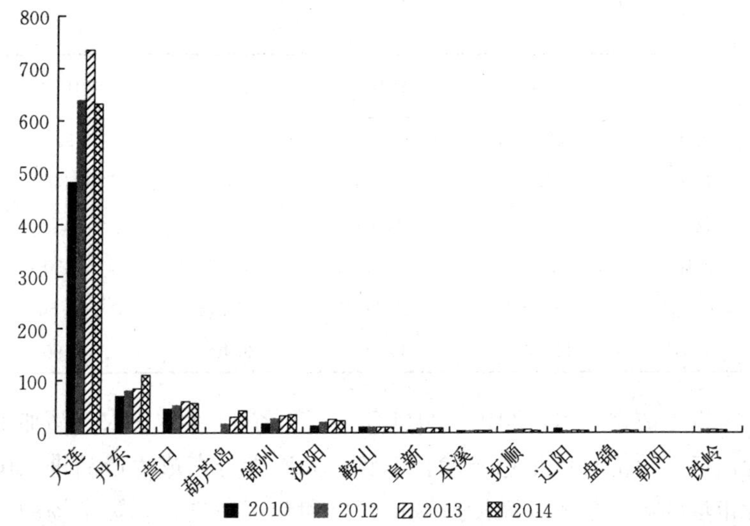

图 4-5 2010—2014 年辽宁省 14 个地区农产品加工企业出口交货值情况

最大，达到 77.3%，而盘锦和大连减幅也较大，达到 14.1%、13%，而沈阳也呈现同比下降 9.3%。

表 4-4 2010—2014 年辽宁省 14 个地区农产品加工企业出口交货值增减

单位：%

地区	2010	2012	2013	2014
全省	21.01	18.64	10.92	−5.40
鞍山	6.65	11.18	10.65	12.20
本溪	60.96	29.24	8.05	20.50
朝阳	34.41	−8.70	−7.14	12.00
大连	21.53	18.42	11.57	−13.00
丹东	31.27	9.41	3.13	41.80
抚顺	−33.12	28.93	−20.03	−8.60
阜新	30.39	32.97	8.37	−7.40
葫芦岛	16.69	38.03	60.26	31.50

（续）

地区	2010	2012	2013	2014
锦州	38.32	10.30	18.42	4.90
辽阳	14.20	−19.97	−13.33	40.30
盘锦	−6.16	125.95	−0.72	−14.10
沈阳	1.57	32.42	18.97	−9.30
铁岭	−4.81	19.36	−29.76	−77.30
营口	17.06	30.39	3.43	−2.90

以上数据显示，2010—2014年，辽宁省14个地区农产品加工业出口交货值总体呈稳步增长态势。大连和丹东成为产品进入国际市场的第一集团。而沿海城市营口和葫芦岛进入国际市场的能力突出，排名3、4位。而沈阳进入国际市场的能力不强，与锦州、鞍山、丹东、阜新位居中游，而第四集团的地区也发生了变化，本溪、抚顺、辽阳、盘锦、朝阳、铁岭依次位于9～14位。

从利税总额增减情况看，抚顺和营口同比上年增幅最大，其次是本溪和辽阳；而铁岭、大连、沈阳同比都出现了较大减幅；鞍山和锦州也出现了不同程度的减幅。

小结

综上所述，通过本节宏观描述性分析，可以看出2010—2014年全省14个地区所有农产品加工业空间分布及发展趋势。

从企业数量看，辽宁省14个地区农产品加工业企业数量呈减少趋势，表明辽宁省区域农产品加工业由2010年的数量优势，开始向质的优势发展，产业集聚，并向沈阳、大连等中心城市聚集。沈阳和大连占据了全省近半的企业数量，已经成为农产品加工业重要的聚集地。

从生产能力看，辽宁省14个地区农产品加工业工业总产值和主营业务收入呈稳步增长态势，以沈阳和以大连为首的沿海城市生产能力强劲。沈阳的生产力水平占到全省的1/3，大连、丹东、营口等沿海城市生产能力提升迅速。

从利税能力看，辽宁省14个地区农产品加工业增幅显著，利税总额增幅显著，沈阳、大连成为利税大户，占全省利税半数，沿海城市锦州和营口也有不俗表现。

从出口贸易看，辽宁省14个地区出口交货值稳步增长，大连、丹东、营口等沿海城市进入国际市场的实力强劲；而省会沈阳在此方面表现不佳，位居中游。铁岭、朝阳等内陆城市进入国际市场能力不强。

根据上面数据显示，我们可以清晰地看到辽宁省14个地区产业发展态势，不同地区间产业发展是有差异显著的，据此我们可以将其归纳如下：

第一集团：沈阳、大连；第二集团：锦州、鞍山、丹东、营口；第三集团：抚顺、铁岭、阜新；第四集团：盘锦、辽阳、本溪、葫芦岛、朝阳。

第一集团是主要农产品加工业聚集地区，是提升生产力水平、促进产业转型、推动产业优化升级的农产品加工业优先发展的核心地区；第二集团以主要城市和沿海城市为主体，是农产品加工业重点发展的中心地区；第三集团是农副产品基地和农产品加工基地，是农产品加工的支撑保障地区；第四集团是特色农产品加工发展的推动地区。

4.2　省级龙头企业区域分布特征

龙头企业是任何产业发展的发动机。这些企业在发展思路、技术和管理水平等多方面对同行业的其他企业都具有深远影响。它们本身代表了该行业的发展水平，还对其他企业起示范和引导作用。为此，我们专门搜集了辽宁省 2014 年省级以上农产品加工行业的龙头企业相关数据，这是目前最权威的监测数据。基于这些数据，本节通过考察龙头企业的区域分布来深化我们对辽宁省 14 个地区农产品加工业区域分布空间特征的认识。

本节数据来自辽宁省农委加工局对全省 2014 年省级以上农业产业化重点龙头企业中农产品加工企业情况调查数据库。数据库覆盖沈阳、大连等 14 个地区的 480 家龙头企业，主要监测内容涉及这些企业的年加工能力、主营业务收入、利润和纳税总额以及企业是否上市等信息。

4.2.1 区域数量分布

从图 4-6 可以看出，辽宁省省级以上农业产业化重点龙头企业共 480 个[①]，其中，大连最多 123 个，占 25.63%；其次为铁岭、朝阳、丹东，分别为 46 个、45 个、43 个，分别占 9.58%、9.38%、

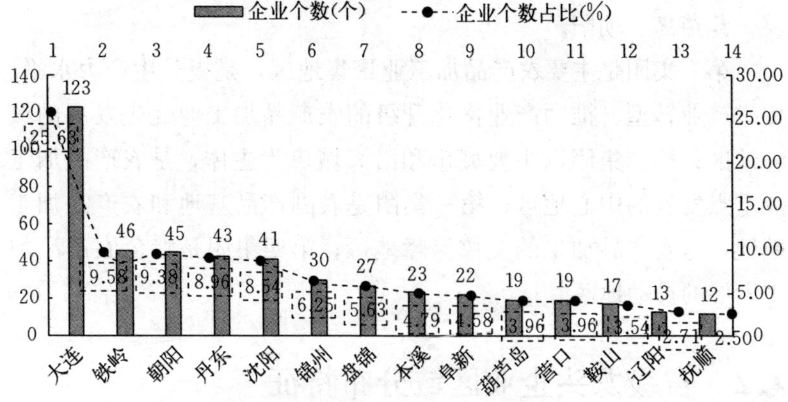

图 4-6 2014 年辽宁省各地区农产品加工业龙头企业个数及占比

注：企业个数占比对应右侧纵坐标。

① 数据来源：辽宁省农委加工局实时监测数据，2014 年。

8.96％；省会城市沈阳仅排第五位为41个，占8.54％；抚顺最少为12个，仅占2.50％。龙头企业中，上市公司9个，分别为大连4个、沈阳2个，朝阳、阜新、葫芦岛各1个。

从区域分布可以看出，2014年辽宁省农产品加工重点龙头企业主要聚集在以大连、丹东等沿海城市和以省会城市为中心的沈阳、铁岭等城市，而辽西朝阳作为辽宁省主要农副产品基地排名在前也在情理之中。相对的产业聚集为龙头企业发展提供了区域及资源的优势，会更有利于企业发展。

4.2.2 区域经济总量及占比

这里以企业的年加工能力、主营业务收入、利润和纳税总额、出口额为经济变量，来衡量辽宁省不同区域农产品重点龙头企业发展情况。

（1）总量经济指标

图4－7所示，辽宁省各地区农产品加工龙头企业的年加工能力1 970万吨。在14个地市城市中，企业年加工能力大连最高为529.21万吨，占26.86％；其他依次为沈阳425.88万吨、朝阳269.67万吨、丹东242.83万吨、铁岭178.51万吨，分别占21.62％、13.69％、12.33％、6.02％。而鞍山和抚顺排在后两位，分别为11.09万吨、8.88万吨，各占0.56％、0.45％。

辽宁省各地区农产品加工龙头企业主营业务收入1 430亿元。在14个地区城市中，企业主营业务收入大连最高为465.79亿元，占32.57％；其他依次为沈阳290.11亿元、铁岭153.49亿元、营口102.59亿元，分别占20.29％、10.37％、7.17％。排在后两位的分别为葫芦岛16.72亿元、抚顺13.05亿元，各占1.17％、0.91％。

辽宁省各地区农产品加工龙头企业利润总额78.36亿元。在14个地区城市中，企业利润总额大连最高为21.08亿元，占

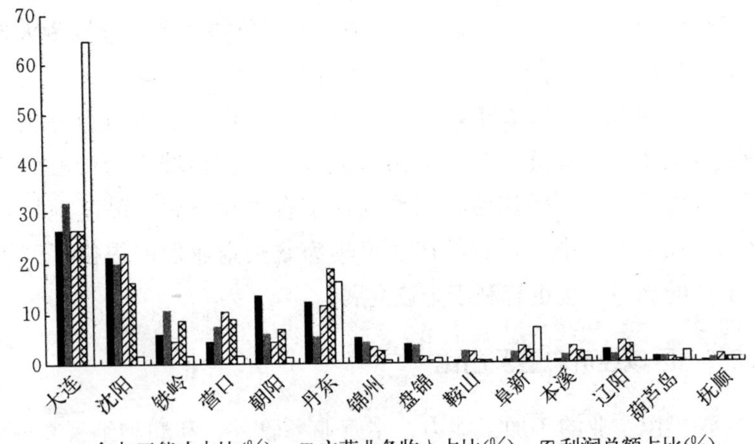

图 4-7　2014 年辽宁省各地区农产品加工龙头企业相关经济指标

26.90%；其他依次为沈阳 17.48 亿元、丹东 9 亿元、营口 8.19 亿元，分别占 22.31%、11.49%、10.45%。排在后两位的分别是盘锦 0.82 亿元、葫芦岛 0.74 亿元，各占 1.04%、0.95%。

辽宁省各地区农产品加工龙头企业纳税总额 28.76 亿元。在 14 个地区城市中，企业纳税总额大连最高为 7.75 亿元，占 26.95%；其他依次为丹东 5.52 亿元、沈阳 4.67 亿元、营口 2.60 亿元，分别占 19.20%、16.23%、9.04%。排在后两位的分别是盘锦 0.13 亿元、葫芦岛 0.08 亿元，各占 0.44%、0.28%。

辽宁省各地区农产品加工龙头企业出口额 18.70 亿美元。在 14 个地区城市中，企业出口额大连最高为 12.11 亿美元，占 64.74%；其他依次为丹东 3.03 亿美元、阜新 1.30 亿美元、葫芦岛 0.39 亿美元、营口 0.33 亿美元、铁岭 0.31 亿美元；分别占 16.20%、6.94%、2.10%、1.77%和 1.65%。而省会城市沈阳仅排在第七位为 0.29 亿美元，占 1.52%。排在后两位的分别是鞍山

0.08 亿元、辽阳 0.01 亿元，各占 0.43%、0.05%。

数据显示，从经济总量上看，大连各项指标遥遥领先，位居榜首，尤其在出口创汇能力上表现尤为突出。沈阳紧随其后，位居次席，但出口创汇能力仅排名中游。丹东、营口等沿海城市各项指标表现出色。而内陆城市鞍山、辽阳出口创汇能力明显较弱。

（2）单位经济指标

图 4-8 所示，辽宁省各地区农产品加工龙头企业的单位年加工能力 4.48 万吨。单位企业的年加工能力沈阳最高为 10.38 万吨，远远高于省级平均水平；其次为朝阳 6.13 万吨，丹东 5.65 万吨，营口 4.96 万吨，大连仅位列第五位，为 4.48 万吨，前五位均高于全省平均水平。而阜新和本溪排名后两位，分别为 0.65 万吨、0.59 万吨。

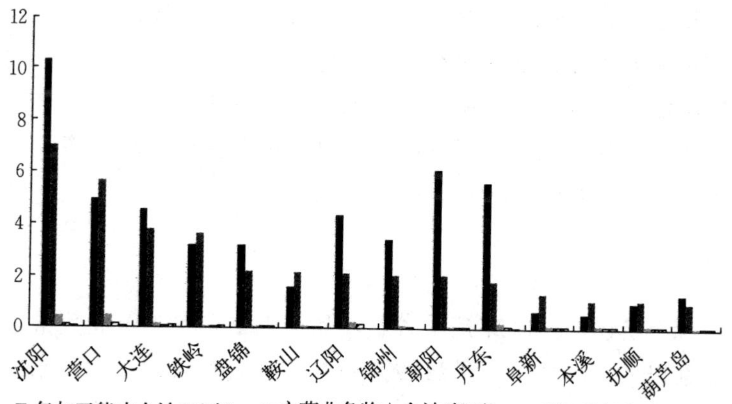

图 4-8 2014 年辽宁省各地区农产品加工龙头企业经济指标的单位平均水平

辽宁省各地区农产品加工龙头企业的单位企业主营业务收入 3.08 亿元。单位企业主营业务收入沈阳最高为 7.08 亿元，其他依次为营口 5.70 亿元、大连 3.79 亿元、铁岭 3.65 亿元、盘锦 2.20 亿元。排在后两位的分别是抚顺 1.09 亿元、葫芦岛 0.93 亿元。

辽宁省各地区农产品加工龙头企业的单位企业利润总额 0.17 亿元。单位企业利润总额营口最高为 0.46 亿元，其他依次为沈阳 0.43 亿元、辽阳 0.28 亿元、丹东 0.21 亿元、大连 0.17 亿元。排在后两位的分别是葫芦岛 0.04 亿元、盘锦 0.04 亿元。

辽宁省各地区农产品加工龙头企业的单位企业纳税总额 0.17 亿元。单位企业纳税总额营口最高 0.16 万元，其次为辽阳为 0.14 万元，丹东 0.13 万元，沈阳 0.11 万元。排在末位的分别是盘锦、鞍山、葫芦岛各为 0.01 亿元。

辽宁省各地区农产品加工龙头企业的单位企业出口额 0.05 亿元。单位企业出口额大连最高 0.10 亿美元，其次为阜新为 0.09 亿美元，营口 0.08 亿美元，丹东 0.07 亿美元；而沈阳位居第 10 位，仅为 0.01 亿美元。

数据显示，从经济指标均值看，沈阳超越大连位居首位，在单位年加工能力、主营业务收入、利润总额上位列前茅，均高于全省均值。而沿海城市大连、丹东、营口表现不俗，其中营口在单位主营业务收入、利润总额、纳税总额上甚至超越大连，位居前列。大连依旧在单位出口额上独占鳌头。

小结

综上所述，2014 年辽宁省农产品加工重点龙头企业数量主要聚集在以大连、丹东等沿海城市和以省会城市为中心的沈阳、铁岭等城市，而辽西朝阳作为辽宁省农副产品基地排名在前。

从经济总量上看，大连各项指标遥遥领先位居榜首，尤其在出口创汇能力上表现尤为突出。沈阳紧随其后，位居次席，但沈阳出口创汇能力仅排名中游。丹东、营口等沿海城市各项指标也表现出色。

从单位经济指标均值看，沈阳超越大连位居首位，在单位年加工能力、主营业务收入、利润总额上位列前茅，均高于全省均值。而沿海城市大连、丹东、营口表现不俗，其中营口在单位主营业务收入、利润总额、纳税总额上甚至超越大连，位居前列。大连依旧在单位出口额上独占鳌头。

4.3 本章总结

通过本节宏观描述性分析，可以看出2010—2014年全省14个地区所有农产品加工业区域分布及发展趋势。特征如下：

第一，2010—2014年，辽宁省农产品加工企业数量呈现减少趋势，开始由量向质发展，产业形成集聚，并向沈阳、大连等中心城市集聚。沈阳和大连占据了全省近半的企业数量，已经成为农产品加工业重要的聚集地。生产能力上，以沈阳和以大连为首的沿海城市生产能力强劲。沈阳的生产力水平占到全省的1/3，大连、丹东、营口等沿海城市生产能力提升迅速。利税能力上，利税总额增幅显著，沈阳、大连成为利税大户，占全省利税半数，沿海城市锦州和营口也有不俗表现。出口贸易上，出口交货值稳步增长，大连、丹东、营口等沿海城市进入国际市场的实力强劲；而省会沈阳在此方面表现不佳，位居中游。铁岭、朝阳等内陆城市进入国际市场能力不强。

第二，从480家重点龙头企业区域分布可以看出，辽宁省农产品加工重点龙头企业区域发展与总体趋势相吻合，主要聚集在以大连、丹东等沿海城市和以省会城市为中心的沈阳、铁岭等城市；从经济总量上看，大连各项指标遥遥领先，位居榜首，尤其在出口创汇上表现尤为突出，沈阳紧随其后，位居次席。丹东、营口等沿海城市各项指标表现出色。从经济指标均值看，沈阳超越大连位居首位，在单位年加工能力、主营业务收入、利润总额上位列前茅，均高于全省均值。而沿海城市大连、丹东、营口表现不俗，其中营口在单位主营业务收入、利润总额、纳税总额上甚至超越大连，位居前列。大连依旧在单位出口额上首屈一指。而铁岭下滑严重，由原来的第三位下跌到中游水平。

综上所述，对辽宁省农产品加工业的省内区域分布空间特征分析表明：在全省 14 个地区中，沈阳和大连的农产品加工业发展水平分别位列一二，他们的农产品加工企业数量各占全省总数的 1/5 左右，企业工业总产值和利税贡献等方面沈阳几乎占 1/3，大连还占 1/5，有明显的集聚效应。对 2014 年 480 家农产品加工省级龙头企业数据分析结果表明，在各方面排名前两名的还是沈阳和大连，只是大连更强。

根据上面数据可以看出，辽宁省 14 个地区产业发展地区差异显著，初步形成了如下空间特征态势：

第一集团：沈阳、大连；是主要农产品加工业聚集地区，是提升生产力水平、促进产业转型、推动产业优化升级的农产品加工业优先发展的核心地区；第二集团：锦州、鞍山、丹东、营口；以主要城市和沿海城市为主体，是农产品加工业重点发展的中心地区；第三集团：抚顺、铁岭、阜新；是农副产品基地和农产品加工基地，是农产品加工的支撑保障地区；第四集团：盘锦、辽阳、本溪、葫芦岛、朝阳；是特色农产品加工发展的推动地区。

第五章 全国视角辽宁省农产品加工业变迁：时间特征

本书第三章从纵向“统”、“分”两个层面展现了辽宁省农产品加工业发展的历程和现状，还着重分析了其内部行业结构特征，对辽宁省农产品加工业发展轮廓有了基本刻画。第四章从横向描述了辽宁省农产品加工业区域分布的空间特征。但是，如果放眼全国，辽宁省的农产品加工业又是一个什么样的发展变迁？居于何等发展水平？内部哪些行业又在哪些方面走在前列或者末尾？等等。如果辽宁农产品加工业励志走一条面向全国市场打造产业竞争力道路的话，这些问题都是必须厘清楚的。回答这些问题不但能让我们看到辽宁农产加工业发展现存差距，还能对未来的发展空间了然于胸。为此，本章的研究目标是通过时间特征，对辽宁和全国的农产品加工业所含的 12 大类行业的企业单位个数、主营业务收入等多方面的表现进行比较，从而了解随时间变化，辽宁农产品加工业在全国的地位，为后续发展提供理论依据。

本章拟解决的问题：①全国视角辽宁省的农产品加工业发展的时间特征变迁；②辽宁省农产品加工业细分行业在全国的地位及产业优势；③作为东北老工业基地，辽宁省农产品加工业为全国的贡献。

本章所用数据来自于历年《中国统计年鉴》和《辽宁省统计年鉴》，样本期为 1998—2013 年，时间特征跨越“十五”、“十一五”、“十二五”三个历史时间阶段，样本期的选择主要受限于数据的可得性。数据包括农副食品加工业、食品制造业、纺织业等十二大农产品加工行业的全部规模以上工业企业主要指标。这些指标包括企业单位数、工业总产值、资产总计、主营业务收入、利润总额和利税总额等方面。按照相关标准，这十二大类行业基本覆盖了农产品加工业的方方面面，对其具有很好的代表性。本章第一节利用2000年、2006年和2013年三个时间特征截面数据，对辽宁省和全国的上述行业及其上述方面展开比较，对辽宁农产品加工业发展在全国的地位形成一个总体描述；第二节利用1998—2013年的时间序列数据对辽宁和全国的每个行业展开详细比较。

5.1 基于全国的辽宁省农产品加工业变迁

本节利用历年《中国统计年鉴》和《辽宁省统计年鉴》，截取2000年、2006年和2013年三个截面数据，时间特征跨越“十五”、“十一五”、“十二五”三个历史阶段，主要指标包括企业数量、资产、主营业务收入、利润总额、本年应交增值税五个方面，样本数据及指标选取主要受限于数据资料的可得性。

5.1.1 时间特征变迁

本部分分别选择“十五”、“十一五”、“十二五”三个时间节点，对全国视角下辽宁省农产品加工业的发展变化特征进行比较分析。

(1) 2000年“十五”发展情况

第一，从企业单位数看，2000年时，辽宁农产品加工业所含的12个行业中有6个，半数行业占全国总数的比重超过3%，如果全国农产品加工企业平均分布在31个省的话，各省应分别占3.2%左右，辽宁省数量发展水平超过全国均数（表5-1）。占全国企业总数比重最高的是木材加工和木、竹、藤、棕、草制品业，为4.98%；其次为农副食品加工业，占比为3.85%；印刷业和记录媒介的复制业排名第三，占比为3.48%；排名最末的是烟草制品业，占比为1.46%。

表5-1　2000年辽宁省农产品加工业所含12大类行业占全国的比重

单位：%

行业	企业单位个数	资产总计	主营业务收入	利润总额	本年应交增值税
农副食品加工业	3.85	4.14	4.64	−0.44	2.85
木材加工和木、竹、藤、棕、草制品业	4.98	4.75	4.57	1.69	3.36
橡胶和塑料制品业	3.05	4.83	3.49	3.57	4.39
家具制造业	2.67	5.12	2.90	5.01	2.02
食品制造业	3.35	3.70	2.85	2.74	2.95
酒、饮料和精制茶制造业	3.46	3.12	2.71	4.20	3.24
纺织服装、服饰业	2.83	3.34	2.48	2.66	1.81
印刷业和记录媒介的复制业	3.48	4.33	2.23	0.42	2.58
皮革毛皮羽毛及其制品和制鞋业	2.18	2.78	2.17	0.29	0.38
造纸和纸制品业	2.38	2.67	1.65	1.01	2.38
纺织业	2.16	2.43	1.46	0.37	1.45
烟草制品业	1.46	0.76	0.50	0.00	0.42

注：本表行业顺序按照主营业务收入占比排列。

第二，企业资产方面，12个行业中8个行业的资产总额水平在全国平均水平之上。家具制造业的资产占全国总量的比为5.12%，排在第1，其次是橡胶和塑料制品业，“木材加工和木、竹、藤、棕、草制品业”，印刷业和记录媒介的复制业，农副食品加工业，食品制造业，纺织服装、服饰业，酒、饮料和精制茶制造业。烟草制品业资产占比仅为全国的0.76%。

第三，从主营业务收入来看，12个行业中有3个行业（即1/

4）的主营业务收入占全国总收入的比重超过3%，其余9个行业的主营业务水平低于全国平均水平。排在第一的是农副食品加工业，其主营业务收入占全国总量的4.64%；其次是“木材加工和木、竹、藤、棕、草制品业”，占比为4.57%，随后是橡胶和塑料制品业，占3.49%。而烟草制品业的主营业务收入占比仅为全国的0.5%。

第四，在利润总额方面，辽宁省农产品加工业的12个行业中有3个行业（即1/4）的利润总额占全国的利润总额比重超过3%，其他行业的发展水平在全国平均水平之下。排在前三的是家具制造业，“酒、饮料和精制茶制造业”，橡胶和塑料制品业。家具制造业创造的利润占全国总利润的5.01%，排在第一。而印刷业和记录媒介的复制业、纺织业、皮革毛皮羽毛及其制品和制鞋业、烟草制品业和农副食品加工业五个行业利润都不足全国总量的1%，特别是农副食品加工业的利润总额竟然为－0.44%。显然，这些农产品加工行业的效率都是低于全国平均水平的。

第五，在创造税收方面，12个行业中仅1/4的行业创税能力超过全国平均水平。创税占比第一名是橡胶和塑料制品业，其本年应交增值税占全国总量的4.39%。依次是“木材加工和木、竹、藤、棕、草制品业”、“酒、饮料和精制茶制造业”，基本都达到全国平均水平，其他行业则低于全国平均水平。

从上述分析可以看出，2000年辽宁省农产品加工业在全国水平上的主导产业为农副食品加工业、“木材加工和木、竹、藤、棕、草制品业”、橡胶和塑料制品业、家具制造业。

（2）2006年“十一五”发展情况

第一，从企业单位数看，2006年时，辽宁农产品加工业所含的12个行业中有11个（表5-2），几乎全部行业占全国总数的比重超过3%，数量发展水平超过全国平均水平。占全国企业总数比重最高的是农副食品加工业，为6.52%，相当于2个平均水平省份的总和。其次为家具制造业，占比为5.72%；木材加工和木、竹、藤、棕、草制品业排名第三，占比为5.65%；排名最末的是纺织业，占比为1.80%。

表5-2　2006年辽宁省农产品加工业所含12大类行业占全国的比重

单位：%

行业名称	企业单位数	资产总计	主营业务收入	利润总额	本年应交增值税
家具制造业	5.72	5.45	6.16	8.81	3.37
农副食品加工业	6.52	5.81	5.90	3.55	3.81
木材加工和木、竹、藤、棕、草制品业	5.65	5.00	4.49	3.48	2.42
橡胶和塑料制品业	4.29	5.31	4.00	3.11	3.00
食品制造业	5.07	3.20	2.89	1.94	1.42
纺织服装、服饰业	3.67	2.38	2.67	1.98	2.12
酒、饮料和精制茶制造业	4.42	2.74	2.43	1.55	2.36
皮革毛皮羽毛及其制品和制鞋业	3.12	1.38	2.29	1.85	4.19
印刷业和记录媒介的复制业	3.54	2.38	2.22	0.90	2.00
造纸和纸制品业	3.64	1.77	1.49	0.86	1.15
纺织业	1.80	1.43	1.05	0.61	0.86
烟草制品业	3.35	0.89	1.00	0.35	0.93
12个行业中占比超过3%的行业数合计（个）	11	5	4	4	4

注：本表行业顺序按照主营业务收入占比排列。

第二，企业资产方面，12个行业中5个行业的资产总额水平在全国平均水平之上。农副食品加工业的资产占全国总量的比为5.81%，排在第1，其次是家具制造业，木材加工和木、竹、藤、棕、草制品业。

第三，从主营业务收入来看，12个行业中有4个行业（即1/

3）的主营业务收入占全国总收入的比重超过3%，其余8个行业的主营业务水平低于全国平均水平。排在第一的是家具制造业，其主营业务收入占全国总量的6.16%；其次才是农副食品加工业，占比为5.90%，随后是木材加工和木、竹、藤、棕、草制品业和橡胶和塑料制品业，占比分别为4.49%和4%。而烟草制品业的主营业务收入占比与其企业单位数占比相差甚远，仅为全国总收入的1%。

第四，在利润总额方面，辽宁省农产品加工业的12个行业中有4个行业（即1/3）的利润总额占全国的利润总额比重超过3%，其他行业的发展水平在全国平均水平之下。排在前四的依然是家具制造业，农副食品加工业，木材加工和木、竹、藤、棕、草制品业，橡胶和塑料制品业。家具制造业创造的利润占全国总利润的8.81%，排在第一。而印刷业和记录媒介的复制业，造纸和纸制品业，纺织业和烟草制品业四个行业尽管企业单位数和主营业务收入占比都超过了1%，但它们利润都不足全国总量的1%，特别是烟草制品业的利润总额占比继续下降到0.35%，远小于1%。显然，这些农产品加工行业的效率都是低于全国平均水平的。

第五，在创造税收方面，12个行业中仅1/3的行业创税能力超过全国平均水平。创税占比第一名是皮革毛皮羽毛及其制品和制鞋业，其本年应交增值税占全国总量的4.19%。依次是农副食品加工业、家具制造业和橡胶和塑料制品业，基本都达到全国平均水平，其他行业则低于全国平均水平。

从上述分析可以看出，2006年辽宁省农产品加工业在全国水平上的主导产业依旧为农副食品加工业、“木材加工和木、竹、藤、棕、草制品业”、橡胶和塑料制品业、家具制造业。只不过家具制造业和农副食品加工业表现更为突出。

（3）2013年“十二五”发展情况

第一，从企业单位个数看，辽宁省农产品加工业的12大行业有 8 个行业的企业单位数占全国总数的比例超过 3%（表 5－3），占比最高的是农副食品加工业，达到 6.64%。从表 5－3 可以看到，辽宁省农副食品加工业的企业个数在全国占有一席之地，辽宁占了全国的 6.64%，相当于两个省的企业数量和。排名第二的是橡胶和塑料制品业，企业单位数占全国比重为 5.17%，这表明，如果全国有 20 家橡胶和塑料加工厂的话，至少有 1 家在辽宁，排名第三的木材加工和木、竹、藤、棕、草制品业也基本在这样一个发展水平上（占 4.54%）。接下来是食品制造业、“酒、饮料和精制茶制造业”、家具制造业、“纺织服装、服饰业”和“造纸和纸制品业”，占比也超过 3.2%。而排名最末的皮革毛皮羽毛及其制品和制鞋业企业单位数占比为 1.2%。如果以 3%为一个粗略基准的话，那么 12 个行业中有 8 个行业，即 2/3 的行业在企业单位数这样一个层面都超过了全国平均发展水平。

表 5－3　2013 年辽宁省农产品加工业所含 12 大类行业占全国的比重

单位：%

行业名称	企业单位数	资产总计	主营业务收入	利润总额	本年应交增值税
农副食品加工业	6.64	3.14	7.79	9.72	39.44
木材加工和木、竹、藤、棕、草制品业	4.54	1.90	6.69	6.53	20.70
橡胶和塑料制品业	5.17	2.43	6.22	6.18	24.07
家具制造业	3.67	1.81	6.07	5.50	18.03
纺织服装、服饰业	3.44	1.25	4.32	4.69	14.34
食品制造业	4.26	1.82	4.20	3.52	12.67
酒、饮料和精制茶制造业	4.16	0.79	3.20	2.45	10.66
造纸和纸制品业	3.23	0.48	3.16	4.16	11.23
印刷业和记录媒介的复制业	2.55	1.24	3.14	3.30	10.83

（续）

行业名称	企业单位数	资产总计	主营业务收入	利润总额	本年应交增值税
皮革毛皮羽毛及其制品和制鞋业	1.20	0.72	2.12	4.59	12.64
纺织业	1.51	0.46	1.36	1.76	6.13
烟草制品业	2.96	0.32	0.90	0.39	5.19
12 个行业中占比超过 3%的行业数合计（个）	8	1	9	9	12

注：本表行业顺序按照主营业务收入占比排列。

第二，从各行业企业的资产总额来看，辽宁省农产品加工业的发展水平远远低于全国平均水平。仅有农副食品加工业的资产水平勉强达到全国平均水平。但是，如果与主营业务收入、利润总额以及本年应交增值税等绩效指标结合起来考虑的话，这种资产水平上的“劣势”反而凸显了辽宁省农产品加工业的竞争优势，单位资源的各种产出很高。

第三，从主营业务收入方面看，辽宁省农产品加工业的 12 个行业中有 9 个占全国的比重超过了 3%，即 3/4 的行业发展水平超过全国平均水平。排第一的依然是农副食品加工业，即辽宁农副食品加工业生产所创造的业务收入占全国总量的 7.79%。接下来依次是木材加工和木、竹、藤、棕、草制品业，橡胶和塑料制品业，家具制造业，占比分别为 6.69%，6.22%和 6.07%。可以看到，辽宁省农产品加工业中 1/3 的行业（4 个）发展水平相当于 2 个全国平均水平省份的加总水平。接下来的纺织服装、服饰业，食品制造业，酒、饮料和精制茶制造业，造纸和纸制品业，印刷业和记录媒介的复制业等 5 个行业的主营业务收入水平至少达到全国平均水平。而排名末尾的烟草制品业的主营业务收入占比只有 0.90%，不足全国平均发展水平的 1/3。

第四，从创造利润水平来看，辽宁省农产品加工业的 12 个行业中有9个，即2/3行业发展水平大幅超过全国平均水平。排名第一的农副食品加工业创造的利润总额几乎占全国利润总额的一成，相当于3个平均水平省份创造的利润总额。而辽宁省的酒、饮料和精制茶制造业，纺织业和烟草制品业创造利润水平都低于全国平均水平，占比分别为2.45%、1.76%和0.39%。除了这三个行业，其他9个行业的创造利润水平都在全国平均水平之上。如果说利润反映了企业竞争力的话，辽宁省农产品加工业的竞争力在全国占有一席之地。

第五，辽宁省农产品加工业所含的每个行业的创造税收水平都远远超过了全国平均水平。排名第一的依然是农副食品加工业，辽宁的农副食品加工业所创造的增值税占全国相应总量的39.44%，占比高达2/5。即使排名最末的烟草制品业创造的增值税占比也达到了5.19%。不像利润，增值税越高意味着企业剩余越少，最终必然影响企业创新等方面的投资，从而削弱长久的竞争力。因此，在不能实证研究这些增值税负对农产品加工业发展的影响条件下，本书不想过分强调这个“优势”。

从上述分析可以看出，2013年辽宁省农产品加工业在全国水平上的主导产业未变，仍然为农副食品加工业、“木材加工和木、竹、藤、棕、草制品业”、橡胶和塑料制品业和家具制造业。只不过农副食品加工业上升到首位，成为行业的领军者。

综合所有行业以及这些行业的5个经济方面来看，辽宁省农产品加工业发展水平较大幅度超过了全国平均水平。①当关注点从行业的企业单位数等“物性维度”转变到利税等“质量维度”时，辽宁省农产品加工业在全国的优势不但没有减弱，反而越来越强，这表明辽宁省农产品加工业的发展在全国来看不但具有粗放优势，更具有集约优势，这个行业的资源利用效率水平远远超过全国平均水平。例如，即使皮革毛皮羽毛及其制品和制鞋业的企业单位数占比最低（仅为1.2%），但其主营业务收入占比提高到 2.12%（图 5-1），利润总额占比 4.59%，本年应交增值税占比猛增到 12.64%，展现了一幅独特的从“小粗放优势”到“大集约优势”的发展风景。②辽宁省农产品加工业所含的 12 个行业中，当属农副食品加工业在全国的优势最为明显。其企业单位数 2 倍于、主营业务收入 2.4 倍于、利润总额 3 倍于、本年应交增值税 12 倍于全国平均水平省份的相应指标。再次展现从“小粗放优势”到“大集约优势”的发展风景。

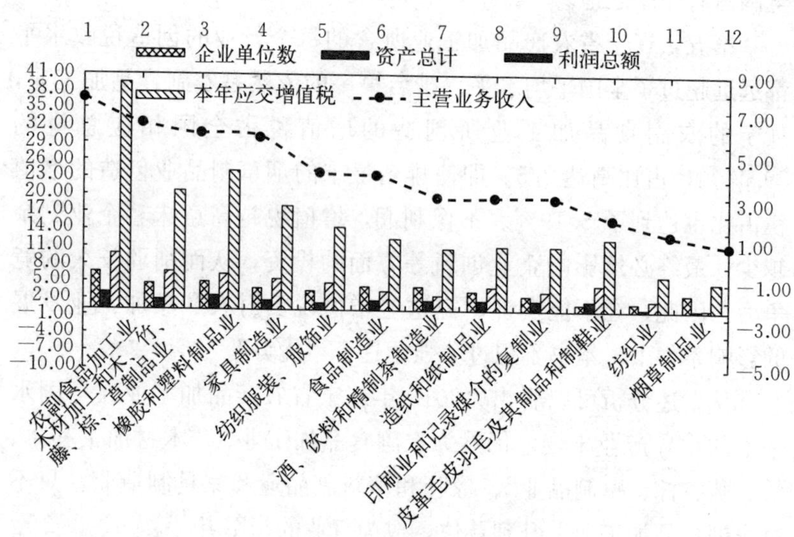

图 5-1　2013 年辽宁省农产品加工业所含 12 大类行业占全国的比重（%）

注：主营业务收入占比对应右侧纵坐标。

5.1.2　辽宁地位的“翻转”

综上，经过 13 年（2000—2013 年）发展，辽宁省农产品加工业发展水平在全国的地位得到了巨大提升。这主要体现为“两个翻转”：

“翻转一”：发展水平在全国平均水平之上的行业数量发生了

翻转，由2000年的“3/4低于”到2006年“2/3低于”翻转到2013年的“2/3高于”。2000年12个行业中一般只有3个行业的某些方面高于全国平均水平，2006年时，一般只有4个行业的某些方面高于全国平均水平，而2013年时，一般最多只有4个行业的某些方面低于全国平均水平。例如，2000年，主营业务收入、利润总额、创造税收方面只有3个行业的水平高于全国平均水平；2006年时，除了企业单位个数和资产总额两个方面外，在主营业务收入方面只有4个行业的水平高于全国平均水平；与此形成鲜明对比，2013年时，除了资产总额这个方面外，在主营业务收入等四个方面，12个行业中最少有9个行业的发展水平超过了全国平均水平；在某些方面甚至是远远超过，例如创税方面，12个行业均超过全国平均水平。

“翻转二”：行业的“优势面”发生了翻转，由2006年的“粗放优势”翻转到了2013年的“集约优势”，或者由2006年的“数量优势”翻转到了2013年的“质量优势”。2006年时，发展水平超过全国平均水平的行业的优势主要体现在企业单位数和资产总额的数量方面，至少在主营业务收入、利税方面占优势的行业个数显著下降；而2013年时，不管哪个行业，当关注的焦点由“数量方面”向“质量方面”转变时，其超越全国平均水平的程度越来越明显，发生了“粗放优势”翻转到了“集约优势”。

正如图5-2两条曲线所展示的：2013年的曲线上的数字有3个大于2006年，而且这3个数字分布在横坐标轴的右侧，即优势面转变到了主营业务收入、利润总额和增值税等体现发展质量的方面，是一种“集约优势”。

总之，辽宁省农产品加工业的发展水平在很多行业以及在这些行业的很多方面，特别是质量方面都大幅超过了全国相应的平均水平。

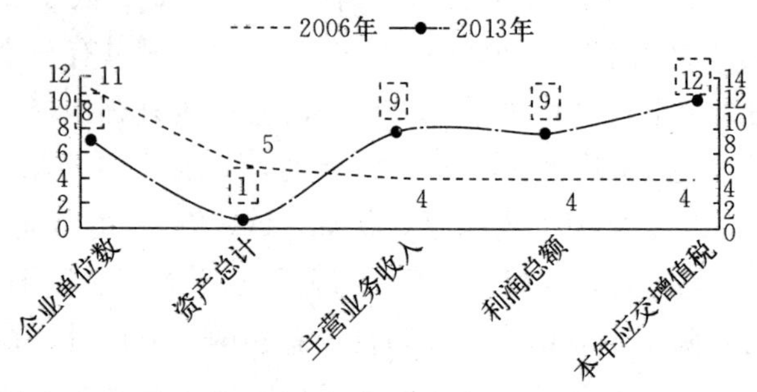

图 5-2　2006 和 2013 年辽宁省农产品加工业 12 大类行业占全国的比重超过 3%的行业数（个）

小结

第一，通过上面三年截面数据的分析，可以看出经过 13 年（2000—2013 年）的发展，跨越“十五”、“十一五”、“十二五”三个发展阶段，辽宁省农产品加工业发展水平在全国的地位得到了巨大提升。12 个行业中，企业数量上，从 2000 年超过全国平均水平 6 个，发展到 2013 年的 8 个；主营业务收入上，从 2000 年超过全国平均水平 3 个，发展到 2013 年的 9 个；创利水平上，从 2000 年超过全国平均水平 3 个，发展到 2013 年的 9 个；创税水平上，从 2000 年超过全国平均水平 3 个，发展到 2013 年的 12 个。但从各行业的资产总额来看，辽宁省农产品加工业的发展水平远远低于全国平均水平。到 2013 年仅有农副食品加工业的资产水平勉强达到全国平均水平。但是，如果与主营业务收入、利润总额以及本年应交增值税等绩效指标结合起来考虑的话，这种资产水平上的“劣势”反而凸显了辽宁省农产品加工业的竞争优势，单位资源的各种产出很高。

第二，从“十五”到“十二五”，辽宁省农产品加工业发展体现了“两个翻转”，其一：发展水平在全国平均水平之上的行业数量发生了翻转，由 2000 年的“3/4 低于”到 2013 年的“2/3 高于”。其二，行业的“优势面”发生了翻转，由 2006 年的“粗放优势”翻转到了 2013 年的“集约优势”。2013 年时，不管哪个行业，当关注的焦点由“数量方面”向“质量方面”转变时，其超越全国平均水平的程度越来越明显，由“粗放优势”到“集约优势”已经成为不争的事实。

第三，辽宁省农产品加工业在全国水平上的主导产业表现稳定，农副食品加工业、“木材加工和木、竹、藤、棕、草制品业”、橡胶和塑料制品业和家具制造业中，农副食品加工业位居首位，成为行业的领军者。

5.2　细分行业全国发展视角

5.2.1　十二大类行业情况

上一节利用 2000 年、2006 年和 2013 年三个时间截面上的数据对辽宁省和全国的上述行业及其上述方面展开比较，可以看到辽宁省农产品加工业发展在“十五”、“十一五”和“十二五”期间在全国的地位。本节利用 1998—2013 年的时间序列数据对辽宁和全国的每个行业展开详细比较，着重从辽宁省某个行业的某个方面在全国地位的“历史变迁”上进行描述，通过更长时期的，更连续的发展地位的历史梳理，以期更深入地对辽宁省农产品加工行业在全国的发展水平有清晰的了解和认识。

根据第三章分析结果，本章按照行业规模对农副食品加工业、食品制造业、饮料制造业、纺织业、服装及其他纤维制品制造业等主导行业进行了单独分析，数据按照 12 大农产品加工行业的全部规模以上企业主要经济指标展开分析。

特别说明的是，辽宁省农产品加工业工业总产值因 2008—2011 年数据缺失，无法完成该项指标的统计分析。所以本节所用主要经济指标包括：企业数量、主营业务收入、利润总额、本年应交增值税。

（1）农副食品加工业

1998—2013年辽宁省农副食品加工行业整体呈现平稳发展趋势（表5-4）。1998—2000年辽宁省农副食品加工行业发展平稳，企业数量略有下降，工业产值稳中有升，但利润总额2000年出现负值，本年应交增值税额略有增长。2001—2005年，“十五”规划期间，辽宁省农副食品加工行业增幅较大，数量由383个增加到853个[①]，增幅122.72%；而产值出现波动，2005年出现下滑，主营业务收入稳定增长，利润总额增幅最大，由0.42亿元增加到14.67亿元，增长近34倍，本年应交增值税额也呈快速增长趋势，由1.68亿元增加到4.29亿元，增长1.5倍。2006—2010年，“十一五”规划期间，企业数量大幅增加，由1 067个增加到1 872个，达到历史最高水平，增幅达到75.44%；2008—2011年工业产值数据缺失无法统计，主营业务收入、利润总额、本年应交增值税额均大幅度增长，分别增长了2.66倍、9.74倍、3.55倍。2011—2013年，进入“十二五”规划，企业数量开始回落，由2010年的1 872个减少到2013年的1 533个，减幅为18.10%；但主营业务收入、利润总额、本年应交增值税额均快速增长，主营业务收入、利润总额分别增长了68.86%、40.19%，而本年应交增值税额更是增幅达到10倍。

1998—2013年辽宁省农副食品加工行业企业数量年均增长9.7%，工业产值、主营业务收入、利润总额年均增长30.82%、31.43%、43.06%，本年应交增值税额年均增长57.09%。全国1998—2013年农副食品加工行业数量年均增幅5.2%，企业主营业务收入、利润总额年均增长27.54%、60.04%，本年应交增值税额年均增长27.04%。

① 数据来源：《辽宁省统计年鉴》（1998—2014年）；《中国统计年鉴》（1998—2014年）。

表 5-4　1998—2013 年辽宁省及全国农副食品加工行业主要经济指标

年份	辽宁省					全国				
	企业单位个数（个）	工业总产值（亿元）	主营业务收入（亿元）	利润总额（亿元）	本年应交增值税（亿元）	企业单位个数（个）	工业总产值（亿元）	主营业务收入（亿元）	利润总额（亿元）	本年应交增值税（亿元）
1998	455	144.94	132.79	−2.87	1.20	11 909	3 516.00	—	—	—
1999	407	142.80	137.00	0.40	1.70	11 231	3 517.00	3 211.99	11.00	61.11
2000	411	171.20	161.50	−0.30	2.00	10 676	3 722.70	3 477.52	68.74	70.25
2001	383	174.28	167.32	0.42	1.68	10 381	4 097.88	3 823.51	96.60	74.89
2002	406	198.26	191.38	2.53	1.72	10 413	4 776.96	4 515.94	115.31	74.99
2003	496	255.44	255.03	6.74	2.65	11 192	6 152.32	5 851.13	173.17	91.05
2004	750	381.74	369.59	3.11	3.54	12 244	—	7 810.97	233.95	103.57
2005	853	155.66	524.07	14.67	4.29	14 575	10 615.00	10 366.5	398.71	166.78
2006	1 067	217.72	748.59	20.04	8.44	16 356	12 973.50	12 694.8	565.14	221.80
2007	1 236	280.68	1 027.29	47.56	15.49	18 140	17 496.10	17 131.1	893.58	295.31
2008	1 317	—	1 422.39	67.96	15.73	22 800	23 917.40	23 565.8	1 213.88	490.19
2009	1 822	—	2 029.42	104.87	39.34	24 550	27 961.00	27 624.7	1 501.16	509.73
2010	1 872	—	2 744.94	215.29	38.43	25 612	34 928.10	34 668.3	2 343.61	703.15
2011	1 484	—	3 413.8	226.29	38.73	20 895	44 126.10	43 848.6	2 795.22	860.80
2012	1 553	4 394.98	4 298.2	311.56	412.1	22 356	—	52 145.6	3 202.68	1 054.22
2013	1 533	4 762.72	4 635.09	301.82	425.83	23 080	—	59 497.1	3 105.32	1 079.70

可以看出，1998—2013 年辽宁省农副食品加工行业数量、主营业务收入、本年应交增值税额均高于全国年均增幅水平，仅利润总额低于全国年均增幅，而应交增值税额年增幅竟达到全国年增幅的 1 倍有余。可见，辽宁省农副食品加工行业创收和创税能力强劲，为国民经济发展贡献巨大，农副食品加工行业呈快速增长趋势。

与全国相比（图 5－3、表 5－5），1998 年，辽宁省农副食品加工行业企业单位个数占全国的 3.82%，2009 年占比最高，达到 7.42%；2013 年逐渐回落为 6.64%。主营业务收入由 1999 年占全国的 4.27%，2013 年提升到 7.79%；利润总额由 1998 年占全国的 3.64%，2013 年增加到 9.72%；本年应交增值税额由 1998 年占全国的 2.78%，2013 年增加到 39.44%。可以看出，辽宁省农副食品加工行业在全国占有重要的位置，无论是从数量上（2013，7.79%）、利润总额上（2013，9.72%），占了近 1/10 的份额，尤其是创税能力上，2013 年本年应交增值税额更是达到 39.44%，占了全国近四成的较高比例。

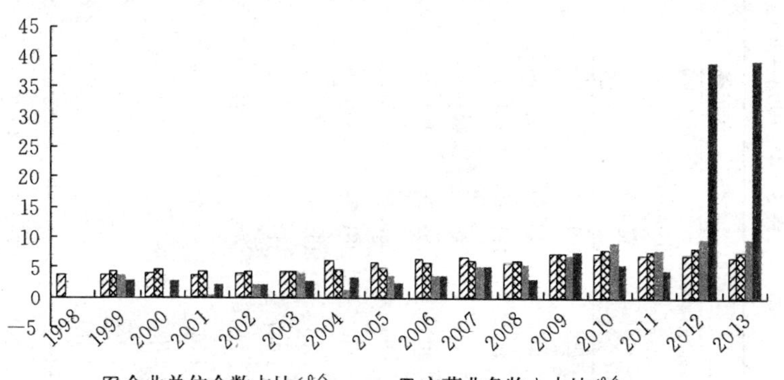

图 5－3　辽宁省农副食品加工行业占全国百分比情况

表 5－5　辽宁省农副食品加工行业占全国百分比情况

年份	企业单位个数占比（%）	工业总产值占比（%）	主营业务收入占比（%）	利润总额占比（%）	本年应交增值税占比（%）
1998	3.82	4.12	—	—	—
1999	3.62	4.06	4.27	3.64	2.78
2000	3.85	4.60	4.64	－0.44	2.85
2001	3.69	4.25	4.38	0.43	2.24
2002	3.90	4.15	4.24	2.19	2.29
2003	4.43	4.15	4.36	3.89	2.91
2004	6.13	—	4.73	1.33	3.42
2005	5.85	1.47	5.06	3.68	2.57
2006	6.52	1.68	5.90	3.55	3.81
2007	6.81	1.60	6.00	5.32	5.25
2008	5.78	—	6.04	5.60	3.21
2009	7.42	—	7.35	6.99	7.72
2010	7.31	—	7.92	9.19	5.47
2011	7.10	—	7.79	8.10	4.50
2012	6.95	—	8.24	9.73	39.09
2013	6.64	—	7.79	9.72	39.44

（2）食品制造业

1998—2013年辽宁省食品制造行业整体呈稳定增长趋势（表5－6）。1998—2000年辽宁省食品制造业企业数量略有下降，工业产值稳中有升，利润总额稳定增长，本年应交增值税额略有增长。2001—2005年，“十五”规划期间，辽宁省食品制造业增幅较大，数量由126个增加到224个，增幅77.78%；而产值出现波动，2005年出现下滑，主营业务收入稳定增长，增幅105.49%；利润总额增幅50.4%；本年应交增值税额增长14.7%。2006—2010年，“十一五”规划期间，企业数量大幅增加，由307个增加到478

表 5-6　1998—2013 年辽宁省及全国食品制造业主要经济指标

年份	辽宁省					全国				
	企业单位个数（个）	工业总产值（亿元）	主营业务收入（亿元）	利润总额（亿元）	本年应交增值税（亿元）	企业单位个数（个）	工业总产值（亿元）	主营业务收入（亿元）	利润总额（亿元）	本年应交增值税（亿元）
1998	197	32.09	30.70	0.57	1.45	5 368	1 213.97	—	—	—
1999	157	31.90	31.70	0.30	1.30	4 963	1 262.19	1 183.68	32.97	53.83
2000	157	40.40	38.60	1.50	1.90	4 691	1 442.52	1 353.07	54.79	64.34
2001	126	44.00	41.67	2.50	1.70	4 563	1 627.7	1 519.02	66.18	71.31
2002	125	50.60	46.28	2.66	1.97	4 615	1 967.31	1 827.55	82.60	77.42
2003	155	48.20	44.70	2.84	1.76	4 636	2 290.07	2 168.36	113.09	89.09
2004	223	60.64	59.53	2.07	1.81	4 950	—	2 688.96	132.59	97.11
2005	224	29.32	85.63	3.76	1.95	5 553	3 779.39	3 665.75	206.21	141.77
2006	307	42.24	132.92	5.31	2.43	6 056	4 714.25	4 601.92	273.15	171.45
2007	319	53.81	177.99	7.87	3.54	6 644	6 070.96	5 853.09	394.22	223.53
2008	323	—	238.48	9.88	5.10	8 108	7 716.54	7 463.72	489.60	293.91
2009	454	—	367.26	21.12	12.85	8 735	9 219.24	8 865.02	716.78	322.88
2010	478	—	478.29	44.78	9.95	9 152	11 350.6	11 133.5	1 015.45	388.11
2011	311	—	548.69	40.97	10.08	6 870	14 047.0	13 875.7	1 232.25	478.14
2012	313	671.63	661.74	51.85	71.23	7 306	—	15 834.3	1 423.10	565.96
2013	321	749.58	762.34	54.58	78.18	7 531	—	18 165	1 550.04	617.16

个，同样达到历史最高水平，增幅达到 75.44%；主营业务收入、利润总额、本年应交增值税额均大幅度增长，分别增长了 2.6 倍、7.43 倍、3.09 倍。2011—2013 年，进入“十二五”规划，企业数量开始回落，由 2010 年的 478 个减少到 2013 年的 321 个，减幅为 32.85%；但主营业务收入、利润总额、本年应交增值税额均快速增长，主营业务收入、利润总额分别增长了 59.38%、21.85%，而本年应交增值税额增幅高达 6.86 倍。

1998—2013 年辽宁省食品制造业企业数量年均增长 3.83%，工业产值、主营业务收入、利润总额年均增长 27.43%、28.03%、42.04%，本年应交增值税额年均增长 35.9%。全国 1998—2013 年食品制造业数量年均增幅 2.64%，企业主营业务收入、利润总额年均增长 25.55%、37.83%，本年应交增值税额年均增长 22.54%。

可以看出，1998—2013 年辽宁省食品制造业数量、主营业务收入、利润总额、本年应交增值税额年均增幅均高于全国年均增幅水平。可见，辽宁省食品制造业创收、创利和创税能力很好。

与全国相比（图 5－4、表 5－7），1998 年，辽宁省食品制造行业企业单位个数占全国的 3.67%，2010 年占比最高，达到 5.22%；2013 年下降为 4.26%。主营业务收入由 1999 年占全国的 2.68%，2013 年增长到 4.20%；利润总额由 1999 年占全国的 0.91%，2013 年增加到 3.52%；本年应交增值税额由 1999 年占全国的 2.42%，2013 年增加到 12.67%。可以看出，辽宁省食品制造行业由 1999 年主营业务收入、利润总额占全国 2、3 个百分点的位置，发展到 2013 主营业务收入、利润总额增长了 2 个百分点；尤其是创税能力上，2013 年本年应交增值税额占全国的 12.67%。可见，辽宁省食品制造行业在全国也占有一定的位置。

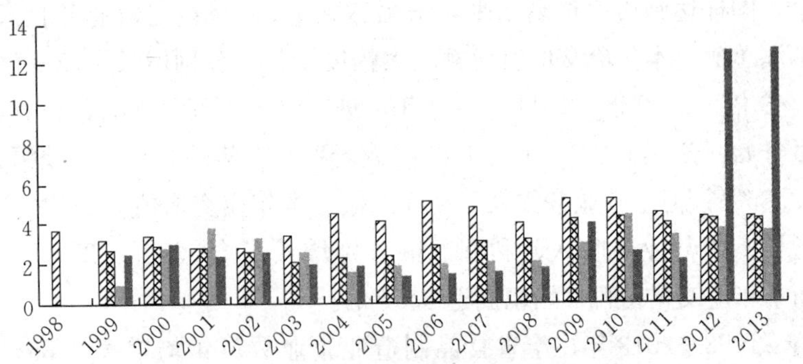

图 5-4 辽宁省食品制造业占全国百分比情况

表 5-7 辽宁省食品制造业占全国百分比情况

年份	企业单位个数占比（%）	工业总产值占比（%）	主营业务收入占比（%）	利润总额占比（%）	本年应交增值税占比（%）
1998	3.67	2.64	—	—	—
1999	3.16	2.53	2.68	0.91	2.42
2000	3.35	2.80	2.85	2.74	2.95
2001	2.76	2.70	2.74	3.78	2.38
2002	2.71	2.57	2.53	3.22	2.54
2003	3.34	2.10	2.06	2.51	1.98
2004	4.51	—	2.21	1.56	1.86
2005	4.03	0.78	2.34	1.82	1.38
2006	5.07	0.90	2.89	1.94	1.42
2007	4.80	0.89	3.04	2.00	1.58
2008	3.98	0.00	3.20	2.02	1.74
2009	5.20	0.00	4.14	2.95	3.98
2010	5.22	0.00	4.30	4.41	2.56
2011	4.53	0.00	3.95	3.32	2.11
2012	4.28	—	4.18	3.64	12.59
2013	4.26	—	4.20	3.52	12.67

(3) 饮料制造业

1998—2013年辽宁省饮料制造业整体呈稳定增长趋势（表5-8)。1998—2000年辽宁省饮料制造业数量略有下降，工业产值稳中有升，利润总额稳定增长，本年应交增值税额略有增长。2001—2005年，“十五”规划期间，辽宁省饮料制造业数量波动中增加，由98个增加到138个，增幅40.82%；产值2005年出现下滑，主营业务收入稳定增长，增幅74.1%；利润总额小幅下滑；本年应交增值税额增长27.83%。2006—2010年，“十一五”规划期间，企业数量大幅增加，由173个增加到283个，同样达到历史最高水平，增幅达到63.58%；主营业务收入、利润总额、本年应交增值税额均大幅度增长，分别增长了2.46倍、5.9倍、1.14倍。2011—2013年，进入“十二五”规划，企业数量开始回落，由2010年的283个减少到2013年的230个，减幅为18.73%；但主营业务收入、利润总额、本年应交增值税额均快速增长，主营业务收入、利润总额分别增长了47.32%、25.96%，而本年应交增值税额同样是增幅高达5.48倍。

1998—2013年辽宁省饮料制造业企业数量年均增长4.07%，工业产值、主营业务收入、利润总额年均增长20.53%、21.2%、39.58%，本年应交增值税额年均增长26.94%。全国1998—2013年饮料制造业数量年均增幅2.9%，企业主营业务收入、利润总额年均增长20.86%、27.86%，本年应交增值税额年均增长16.23%。

可以看出，1998—2013年辽宁省饮料制造业数量、主营业务收入、利润总额、本年应交增值税额年均增幅也均高于全国平均增幅水平。可见，辽宁省饮料制造业创收能力和创税能力较好。

与全国相比（图5-5、表5-9)，1998年，辽宁省饮料制造业单位个数占全国的3.59%，2009年占比最高，达到4.78%；2013年下降为4.16%。主营业务收入由1999年占全国的2.69%，

表 5-8　1998—2013 年辽宁省及全国饮料制造业主要经济指标

年份	辽宁省					全国				
	企业单位个数（个）	工业总产值（亿元）	主营业务收入（亿元）	利润总额（亿元）	本年应交增值税（亿元）	企业单位个数（个）	工业总产值（亿元）	主营业务收入（亿元）	利润总额（亿元）	本年应交增值税（亿元）
1998	137	44.74	39.84	−0.53	2.96	3 817	1 579.86	—	—	—
1999	121	44.9	42.1	2.4	3.2	3 579	1 658.7	1 563.2	86.59	101.51
2000	118	46.2	44.6	4.1	3.5	3 409	1 752.37	1 647.47	97.51	108.06
2001	98	46.89	43.67	4.36	3.27	3 307	1 824.34	1 727.21	103.11	108.81
2002	101	54.39	49.45	4.9	3.98	3 287	1 996.26	1 872.69	120.24	118.66
2003	87	56.52	50.82	4.02	4.21	3 194	2 233.22	2 117.23	149.04	127.7
2004	131	63.88	58.92	3.44	4.19	3 332	—	2 434.61	170.31	136.94
2005	138	34.04	76.03	4.31	4.18	3 519	3 089.27	3 055.28	221.46	166.26
2006	173	38.92	95.23	4.65	4.74	3 914	3 899.21	3 924.75	300.41	201.09
2007	204	59.86	131.93	10.72	5.91	4 422	5 082.34	4 993.98	445.43	242.82
2008	216	—	189.13	16.19	6.76	5 411	6 250.46	6 137.61	558.85	309.16
2009	282	—	265.46	22.26	9.22	5 904	7 465.03	7 464.94	728.78	351.22
2010	283	—	329.35	32.13	10.15	6 371	9 152.62	9 165.7	991.33	407.89
2011	213	—	406.32	36.11	10.32	4 874	11 834.8	11 774.8	1 315.37	511.11
2012	227	524.9	500.48	46.13	70.71	5 311	—	13 549.1	1 602.36	600.06
2013	230	506.67	485.21	40.47	65.76	5 529	—	15 185.2	1 653.56	616.8

2013年增长到3.20%；利润总额由1999年占全国的2.77%，2013年有所下降为2.45%；本年应交增值税额由1999年占全国的3.15%，2013年增加到10.66%。可以看出，辽宁省饮料制造业也在稳步发展，个别年份有所波动，但增减幅度不大；创税能力2013年本年应交增值税额占全国的10.66%，占全国十个百分点。

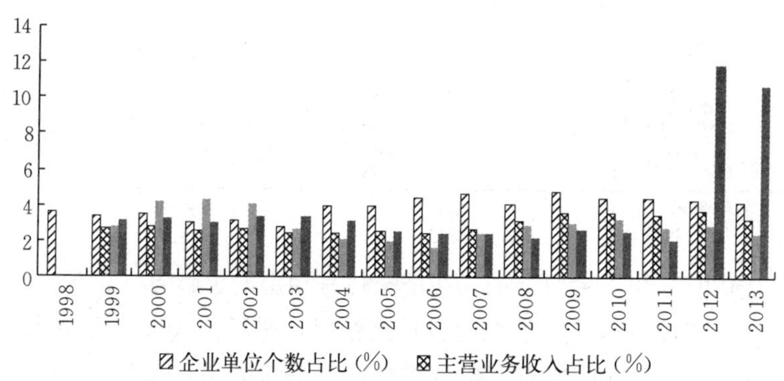

图5-5 辽宁省饮料制造业占全国百分比情况

表5-9 辽宁省饮料制造业占全国百分比情况

年份	企业单位个数占比（%）	工业总产值占比（%）	主营业务收入占比（%）	利润总额占比（%）	本年应交增值税占比（%）
1998	3.59	2.83	—	—	—
1999	3.38	2.71	2.69	2.77	3.15
2000	3.46	2.64	2.71	4.20	3.24
2001	2.96	2.57	2.53	4.23	3.01
2002	3.07	2.72	2.64	4.08	3.35
2003	2.72	2.53	2.40	2.70	3.30
2004	3.93	—	2.42	2.02	3.06
2005	3.92	1.10	2.49	1.95	2.51
2006	4.42	1.00	2.43	1.55	2.36

（续）

年份	企业单位个数占比（%）	工业总产值占比（%）	主营业务收入占比（%）	利润总额占比（%）	本年应交增值税占比（%）
2007	4.61	1.18	2.64	2.41	2.43
2008	3.99	0.00	3.08	2.90	2.19
2009	4.78	0.00	3.56	3.05	2.63
2010	4.44	0.00	3.59	3.24	2.49
2011	4.37	0.00	3.45	2.75	2.02
2012	4.27	—	3.69	2.88	11.78
2013	4.16	—	3.20	2.45	10.66

（4）纺织业

1998—2013年辽宁省纺织业整体呈稳定增长趋势（表5-10）。1998—2013年辽宁省纺织业数量增幅保持平稳，2010年涨幅最高达598个；工业产值有大幅度增长，由1998年的66.72亿元，发展到2013年的499.09亿元，增长了6.48倍；主营业务收入也由1998年的60.42亿元，发展到2013年的491.94亿元，增长了7.14倍；利润总额由1998年的－3.88亿元，发展到2013年的35.51亿元，增长了10.15倍；本年应交增值税额增幅较大，由1998年的1.62亿元，发展到2013年的54.72亿元，增长了32.78倍。

1998—2013年辽宁省纺织业企业数量年均增长1.32%，企业工业产值、主营业务收入、利润总额年均增长16.74%、17.51%、18.57%，本年应交增值税额年均增长31.1%。全国1998—2013年纺织业企业数量年均增长4.8%，企业主营业务收入、利润总额年均增长19.77%、39.09%，本年应交增值税额年均增长16.83%。

可以看出，1998—2013年辽宁省纺织业企业数量虽然增幅水平低于全国，但本年应交增值税额高于全国平均增长率，可见，辽宁省纺织业创税能力较好。

表 5-10 1998—2013 年辽宁省及全国烟草制品业主要经济指标

年份	辽宁省					全国				
	企业单位个数（个）	工业总产值（亿元）	主营业务收入（亿元）	利润总额（亿元）	本年应交增值税（亿元）	企业单位个数（个）	工业总产值（亿元）	主营业务收入（亿元）	利润总额（亿元）	本年应交增值税（亿元）
1998	6	7.5	9.29	0.53	0.68	352	1 374.73	—	—	—
1999	5	7.9	8.5	0.2	0.9	352	1 390.77	1 369.81	127.09	136.53
2000	5	6.9	7.1		0.6	343	1 451.29	1 430.76	142.58	143.95
2001	5	10.02	14.23	0.05	0.76	320	1 694.72	1 756.97	176.8	177.02
2002	3	18.82	18.97	0.38	1.72	287	2 037.49	1 994.37	212.71	211.16
2003	4	25.35	25.19	1.18	2.5	255	2 235.81	2 217.5	275.57	245.84
2004	6	27.99	27.04	1.56	2.97	223	—	2 573.71	371.28	294.93
2005	6	19.22	31.01	1.49	3.11	190	2 840.74	2 850.84	406.54	329.34
2006	6	21.9	31.68	1.62	3.46	179	3 214.08	3 174.25	465.78	372.61
2007	5	23.75	35.57	2.8	4.11	150	3 776.23	3 737.61	608.35	456.23
2008	5	—	39.42	4.47	4.77	156	4 488.87	4 259.65	712.99	527.04
2009	4	—	43.66	3.29	5.12	158	4 924.97	4 870.92	650.41	567.56
2010	4	—	50.91	3.44	5.66	151	5 842.51	5 628.19	734	674.63
2011	4	—	57.63	3.93	6.55	148	6 805.68	6 666.9	840.52	842.72
2012	4	68.2	67.74	4.51	45.56	135	—	7 571.52	1 071.49	953.3
2013	4	75.64	74.74	4.81	51.92	135	—	8 292.67	1 222.07	999.56

与全国相比（图 5－6、表 5－11），1998 年，辽宁省纺织业单位个数占全国的 2.34％，位历年最高，2013 年下降为 1.51％。主营业务收入略有下降，由 1999 年占全国的 1.40％，发展到 2013 年的 1.36％；利润总额 1999 年仅占全国的－2.85％，发展到 2013 年的 1.76％；而本年应交增值税额由 1999 年占全国的 1.38％，发展到 2013 年的 6.13％。可以看出，辽宁省纺织业创税能力增长较快，2013 年本年应交增值税额占全国的 6 个百分点。

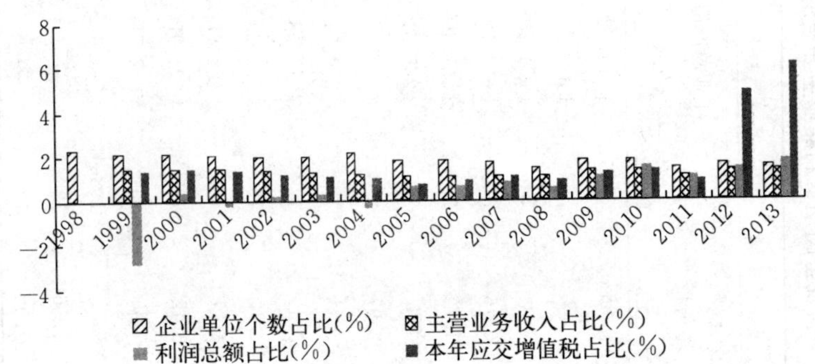

图 5－6　辽宁省纺织业占全国百分比情况

表 5－11　辽宁省烟草制品业占全国百分比情况

年份	企业单位个数占比（%）	工业总产值占比（%）	主营业务收入占比（%）	利润总额占比（%）	本年应交增值税占比（%）
1998	1.70	0.55	—	—	—
1999	1.42	0.57	0.62	0.16	0.66
2000	1.46	0.48	0.50	0.00	0.42
2001	1.56	0.59	0.81	0.03	0.43
2002	1.05	0.92	0.95	0.18	0.81
2003	1.57	1.13	1.14	0.43	1.02
2004	2.69	—	1.05	0.42	1.01
2005	3.16	0.68	1.09	0.37	0.94

（续）

年份	企业单位个数占比（%）	工业总产值占比（%）	主营业务收入占比（%）	利润总额占比（%）	本年应交增值税占比（%）
2006	3.35	0.68	1.00	0.35	0.93
2007	3.33	0.63	0.95	0.46	0.90
2008	3.21	0.00	0.93	0.63	0.91
2009	2.53	0.00	0.90	0.51	0.90
2010	2.65	0.00	0.90	0.47	0.84
2011	2.70	0.00	0.86	0.47	0.78
2012	2.96	—	0.89	0.42	4.78
2013	2.96	—	0.90	0.39	5.19

（5）服装及其他纤维制品制造业

1998—2013年辽宁省服装及其他纤维制品制造业整体呈稳定增长趋势（表5-12）。1998—2013年辽宁省服装及其他纤维制品制造企业数量增幅较大，1998年仅为183个，2009年达到历史最高的812个，到2013年达到523个，比1998年增长了1.85倍；工业产值也有大幅度增长，1998年57.84亿元，发展到2013年883.32亿元，增长了14.27倍；主营业务收入也由1998年的50.62亿元，发展到2013年的831.6亿元，增长了15.77倍；利润总额由1998年的1.05亿元，发展到2013年的53.52亿元，增长了49.97倍；本年应交增值税额增幅较大，由1998年的1.11亿元，发展到2013年的77.27亿元，增长了68.61倍。可见，辽宁省纺织服装、服饰业创利能力和创税能力增长迅速。

1998—2013年辽宁省服装及其他纤维制品制造企业数量年均增长8.4%，企业工业产值、主营业务收入、利润总额年均增长23.33%、24.02%、35.31%，本年应交增值税额年均增长38.59%。全国1998—2013年服装及其他纤维制品制造企业数量年均增长6.42%，企业主营业务收入、利润总额年均增长21.57%、27.51%，本年应交增值税额年均增长23.26%。

表 5-12　1998—2013 年辽宁省及全国纺织业主要经济指标

年份	辽宁省					全国				
	企业单位个数（个）	工业总产值（亿元）	主营业务收入（亿元）	利润总额（亿元）	本年应交增值税（亿元）	企业单位个数（个）	工业总产值（亿元）	主营业务收入（亿元）	利润总额（亿元）	本年应交增值税（亿元）
1998	264	66.72	60.42	−3.88	1.62	11 276	4 376.27	—	—	—
1999	236	68.40	58.10	−1.10	1.90	10 981	4 529.82	4 148.17	38.58	137.98
2000	237	80.70	70.20	0.50	2.30	10 968	5 149.30	4 810.45	136.88	158.41
2001	247	85.50	73.80	−0.34	2.27	12 065	5 621.56	5 209.1	131.95	164.33
2002	259	88.79	79.35	0.29	2.05	13 248	6 370.79	6 038.59	184.71	170.23
2003	292	107.53	96.89	0.60	2.06	14 863	7 725.20	7 495.51	248.20	195.55
2004	374	123.44	112.61	−0.84	2.08	17 144	—	9 346.80	279.84	217.62
2005	400	41.56	135.08	2.85	2.36	22 569	12 671.7	12 374.5	437.13	316.51
2006	457	51.38	156.67	3.45	3.27	25 345	15 315.5	14 965.6	563.93	381.77
2007	472	59.53	196.75	6.28	5.15	27 914	18 733.3	18 164.4	765.87	469.04
2008	480	—	220.01	4.95	5.55	33 133	21 393.1	20 726.4	927.42	606.07
2009	580	—	295.53	11.68	7.35	32 412	22 971.4	22 470.5	1 091.23	573.28
2010	598	—	364.11	25.49	9.55	33 384	28 507.9	28 110.1	1 697.91	720.78
2011	326	—	342.13	20.49	7.43	22 945	32 653.0	32 288.5	1 956.81	814.14
2012	333	438.81	430.1	27.32	40.63	20 435	—	32 241.1	1 894.25	828.16
2013	313	499.09	491.94	35.51	54.72	20 776	—	36 160.6	2 022.71	892.34

可以看出，1998—2013年辽宁省服装及其他纤维制品制造企业数量虽然增幅水平低于全国，但主营业务收入、利润总额、本年应交增值税额高于全国平均增长率，辽宁省该行业创税能力较好。

与全国相比（图5-7、表5-13），1998年，辽宁省服装及其他纤维制品制造业单位个数占全国的2.70%，2013年增长到3.44%。主营业务收入由1999年占全国的2.68%，发展到2013年的4.32%；利润总额1999年仅占全国的2.91%，发展到2013年的4.69%；而本年应交增值税额由1999年占全国的1.83%，发展到2013年的14.34%。可以看出，辽宁省服装及其他纤维制品制造业以占全国3个百分点的数量，创收能力在全国占到4个百分点，而创税能力占全国的14个百分点。

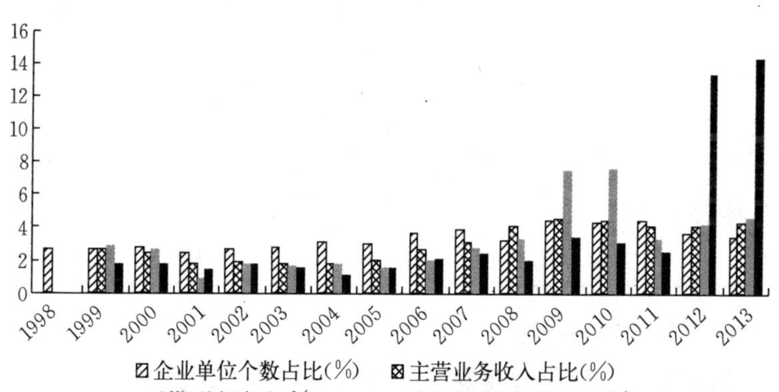

图5-7　辽宁省服装及其他纤维制品制造业占全国百分比情况

表5-13　辽宁省纺织业占全国百分比情况

年份	企业单位个数占比（%）	工业总产值占比（%）	主营业务收入占比（%）	利润总额占比（%）	本年应交增值税占比（%）
1998	2.34	1.52	—	—	—
1999	2.15	1.51	1.40	−2.85	1.38

（续）

年份	企业单位个数占比（%）	工业总产值占比（%）	主营业务收入占比（%）	利润总额占比（%）	本年应交增值税占比（%）
2000	2.16	1.57	1.46	0.37	1.45
2001	2.05	1.52	1.42	−0.26	1.38
2002	1.96	1.39	1.31	0.16	1.20
2003	1.96	1.39	1.29	0.24	1.05
2004	2.18	—	1.20	−0.30	0.96
2005	1.77	0.33	1.09	0.65	0.75
2006	1.80	0.34	1.05	0.61	0.86
2007	1.69	0.32	1.08	0.82	1.10
2008	1.45	0.00	1.06	0.53	0.92
2009	1.79	0.00	1.32	1.07	1.28
2010	1.79	0.00	1.30	1.50	1.32
2011	1.42	0.00	1.06	1.05	0.91
2012	1.63	—	1.33	1.44	4.91
2013	1.51	—	1.36	1.76	6.13

（6）其他细分行业

从其他细分行业时间发展变迁看，1998—2013 年辽宁省其他细分行业也呈现稳步发展态势。

烟草制品业与全国相比（表 5－14、表 5－15），1998 年，辽宁省烟草制品业单位个数占全国的 1.70%，2006 年占比最高，达到 3.35%；2013 年下降为 2.96%。主营业务收入和利润总额增幅不大，但较平稳，分别由 1999 年占全国的 0.62%、0.16%，发展到 2013 年的 0.90%、0.39%；而本年应交增值税额由 1999 年占全国的 0.66%，发展到 2013 年的 5.19%。

表 5-14　1998—2013 年辽宁省及全国服装纤维制品制造业主要经济指标

年份	辽宁省					全国				
	企业单位个数（个）	工业总产值（亿元）	主营业务收入（亿元）	利润总额（亿元）	本年应交增值税（亿元）	企业单位个数（个）	工业总产值（亿元）	主营业务收入（亿元）	利润总额（亿元）	本年应交增值税（亿元）
1998	183	57.84	50.62	1.05	1.11	6 768	2 018.1	—	—	—
1999	179	53.80	49.60	1.80	0.80	6 611	2 038.6	1 847.4	61.76	43.83
2000	200	57.10	52.80	2.30	1.00	7 064	2 291.2	2 133.0	86.44	55.11
2001	199	49.04	44.11	0.93	0.95	8 037	2 596.3	2 416.0	100.68	66.47
2002	238	60.96	53.16	1.97	1.28	9 061	2 914.9	2 725.5	111.19	70.65
2003	267	68.66	58.02	2.29	1.32	9 717	3 426.0	3 239.4	132.57	83.96
2004	340	80.80	68.94	2.74	1.00	10 901	—	3 879.8	152.52	86.64
2005	360	35.15	95.42	3.27	1.81	11 865	4 974.6	4 780.0	206.16	118.92
2006	480	58.83	157.90	5.42	3.28	13 072	6 159.4	5 910.2	273.38	154.64
2007	578	88.79	229.28	9.78	5.10	14 770	7 600.4	7 335.8	357.13	204.22
2008	597	—	368.07	16.40	5.90	18 237	9 435.8	9 074.1	487.34	288.85
2009	812	—	465.11	46.27	9.94	18 265	10 445.0	10 141.0	611.2	286.73
2010	800	—	529.89	64.69	10.68	18 547	12 331.0	11 989.0	851.91	345.49
2011	526	—	542.31	31.65	9.63	11 750	13 538.0	13 214.0	951.98	371.14
2012	542	770.71	712.51	47.86	67.36	14 788	—	17 286.0	1 143.69	505.16
2013	523	883.32	831.6	53.52	77.27	15 212	—	19 251.0	1 141.09	538.94

表 5-15　辽宁省服装纤维制品制造业占全国百分比情况

年份	企业单位个数占比（%）	工业总产值占比（%）	主营业务收入占比（%）	利润总额占比（%）	本年应交增值税占比（%）
1998	2.70	2.87	—	—	—
1999	2.71	2.64	2.68	2.91	1.83
2000	2.83	2.49	2.48	2.66	1.81
2001	2.48	1.89	1.83	0.92	1.43
2002	2.63	2.09	1.95	1.77	1.81
2003	2.75	2.00	1.79	1.73	1.57
2004	3.12	—	1.78	1.80	1.15
2005	3.03	0.71	2.00	1.59	1.52
2006	3.67	0.96	2.67	1.98	2.12
2007	3.91	1.17	3.13	2.74	2.50
2008	3.27	0.00	4.06	3.37	2.04
2009	4.45	0.00	4.59	7.57	3.47
2010	4.31	0.00	4.42	7.59	3.09
2011	4.48	0.00	4.10	3.32	2.59
2012	3.67	—	4.12	4.18	13.33
2013	3.44	—	4.32	4.69	14.34

皮革毛皮羽毛及其制品业与全国相比（表 5-16、表 5-17），1998 年，辽宁省皮革毛皮羽毛及其制品业单位个数占全国的 2.63%，2013 年降低到 1.20%。主营业务收入由 1999 年占全国的 2.22%，发展到 2013 年的 2.12%；利润总额 1999 年仅占全国的 －2.42%，发展到 2013 年的 4.59%；而本年应交增值税额由 1999 年占全国的 0.49%，发展到 2013 年的 12.64%。

表 5-16　1998—2013 年辽宁省及全国皮革毛皮羽毛及其制品和制鞋业主要经济指标

年份	辽宁省					全国				
	企业单位个数（个）	工业总产值（亿元）	主营业务收入（亿元）	利润总额（亿元）	本年应交增值税（亿元）	企业单位个数（个）	工业总产值（亿元）	主营业务收入（亿元）	利润总额（亿元）	本年应交增值税（亿元）
1998	87	29.80	24.29	−0.03	0.15	3 312	1 191.9	—	—	—
1999	73	26.20	24.30	−0.60	0.10	3 192	1 197.9	1 096.1	24.78	20.23
2000	69	27.10	26.90	0.10	0.10	3 164	1 345.2	1 238.2	34.86	26.40
2001	58	27.29	24.89	−0.02	0.08	3 539	1 572.6	1 427.9	41.20	36.17
2002	62	23.04	21.49	0.12	0.12	3 932	1 801.5	1 677.1	57.50	36.27
2003	57	25.82	23.07	0.32	0.23	4 518	2 274.1	2 139.2	79.86	47.74
2004	79	61.02	58.17	0.71	0.52	4 885	—	2 577.2	99.01	53.78
2005	69	20.21	74.30	0.86	0.29	6 227	3 462.8	3 315.9	138.50	79.18
2006	214	29.61	92.05	3.31	4.45	6 859	4 150.0	4 014.4	178.58	106.26
2007	245	45.92	138.6	5.53	2.31	7 452	5 153.5	4 967.6	255.56	126.88
2008	244	—	77.69	1.39	0.71	8 622	5 871.4	5 692.8	333.12	178.85
2009	79	—	51.20	5.33	1.25	8 520	6 425.6	6 241.4	408.92	173.48
2010	97	—	86.70	10.61	1.1	8 854	7 897.5	7 738.9	611.45	214.69
2011	95	—	147.48	14.35	1.76	6 081	8 927.5	8 747.2	714.70	255.15
2012	102	244.82	241.15	31.71	35.62	7 806	—	11 269	822.05	314.10
2013	96	277.43	264.95	37.58	41.16	8 003	—	12 493	818.67	325.62

表 5-17 辽宁省皮革毛皮羽毛及其制品和制鞋业占全国百分比情况

年份	企业单位个数占比（%）	工业总产值占比（%）	主营业务收入占比（%）	利润总额占比（%）	本年应交增值税占比（%）
1998	2.63	2.50	—	—	—
1999	2.29	2.19	2.22	−2.42	0.49
2000	2.18	2.01	2.17	0.29	0.38
2001	1.64	1.74	1.74	−0.05	0.22
2002	1.58	1.28	1.28	0.21	0.33
2003	1.26	1.14	1.08	0.40	0.48
2004	1.62	—	2.26	0.72	0.97
2005	1.11	0.58	2.24	0.62	0.37
2006	3.12	0.71	2.29	1.85	4.19
2007	3.29	0.89	2.79	2.16	1.82
2008	2.83	0.00	1.36	0.42	0.40
2009	0.93	0.00	0.82	1.30	0.72
2010	1.10	0.00	1.12	1.74	0.51
2011	1.56	0.00	1.69	2.01	0.69
2012	1.31	—	2.14	3.86	11.34
2013	1.20	—	2.12	4.59	12.64

木材加工及竹藤棕草制品业与全国相比（表 5-18、表 5-19），1998 年，辽宁省木材加工及竹藤棕草制品业单位个数占全国的 4.78%，到 2013 年 4.54%，变化不大。主营业务收入由 1999 年占全国的 4.83%，发展到 2013 年的 6.69%；利润总额 1999 年仅占全国的 4.17%，发展到 2013 年的 6.53%；而本年应交增值税额由 1999 年占全国的 3.49%，发展到 2013 年的 20.70%。

表 5-18　1998—2013 年辽宁省及全国木材加工及竹藤棕草制品业主要经济指标

年份	辽宁省					全国				
	企业单位个数（个）	工业总产值（亿元）	主营业务收入（亿元）	利润总额（亿元）	本年应交增值税（亿元）	企业单位个数（个）	工业总产值（亿元）	主营业务收入（亿元）	利润总额（亿元）	本年应交增值税（亿元）
1998	119	18.43	17.14	−0.24	0.48	2 487	492.13	—	—	—
1999	115	26.80	24.70	0.40	0.60	2 420	560.58	511.17	9.60	17.17
2000	127	30.30	28.40	0.30	0.70	2 552	656.77	621.00	17.75	20.83
2001	119	37.19	34.98	1.06	0.79	2 808	741.22	676.72	20.09	21.80
2002	130	42.09	39.87	0.49	0.62	3 033	828.06	771.1	24.08	22.82
2003	149	40.4	40.09	−0.15	0.46	3 501	992.79	945.28	33.58	25.99
2004	218	50.15	50.97	1.07	0.89	4 181	—	1 215.8	52.83	31.94
2005	273	21.94	77.79	3.24	1.04	5 397	1 827.7	1 749.5	82.43	50.85
2006	360	32.35	104.95	4.09	1.59	6 374	2 429.0	2 339.6	117.37	65.69
2007	424	54.69	168.16	6.93	3.29	7 852	3 520.5	3 375.8	192.96	100.83
2008	436	—	209.43	9.42	3.53	10 314	4 803.6	4 650.5	294.64	152.57
2009	578	—	331.56	19.07	8.75	10 765	5 759.6	5 619	345.46	170.63
2010	593	—	415.51	24.86	7.54	11 366	7 393.2	7 166	515.27	201.05
2011	403	—	546.07	37.12	7.76	8 193	9 002.3	8 804	643.39	244.12
2012	407	770.8	740.22	43.87	60.77	8 498	—	10 275	740.15	297.87
2013	398	830.6	804.58	52.98	69.49	8 766	—	12 022	810.74	335.74

表 5-19 辽宁省木材加工及竹藤棕草制品业占全国百分比情况

年份	企业单位个数占比（%）	工业总产值占比（%）	主营业务收入占比（%）	利润总额占比（%）	本年应交增值税占比（%）
1998	4.78	3.74	—	—	—
1999	4.75	4.78	4.83	4.17	3.49
2000	4.98	4.61	4.57	1.69	3.36
2001	4.24	5.02	5.17	5.28	3.62
2002	4.29	5.08	5.17	2.03	2.72
2003	4.26	4.07	4.24	−0.45	1.77
2004	5.21	—	4.19	2.03	2.79
2005	5.06	1.20	4.45	3.93	2.05
2006	5.65	1.33	4.49	3.48	2.42
2007	5.40	1.55	4.98	3.59	3.26
2008	4.23	0.00	4.50	3.20	2.31
2009	5.37	0.00	5.90	5.52	5.13
2010	5.22	0.00	5.80	4.82	3.75
2011	4.92	0.00	6.20	5.77	3.18
2012	4.79	—	7.20	5.93	20.40
2013	4.54	—	6.69	6.53	20.70

家具制造业与全国相比（表 5-20、表 5-21），1998 年，辽宁省家具制造业单位个数占全国的 2.24%，到 2013 年 3.67%，变化不大。主营业务收入由 1999 年占全国的 3.21%，发展到 2013 年的 6.07%；利润总额 1999 年仅占全国的 4.40%，发展到 2013 年的 5.50%；而本年应交增值税额由 1999 年占全国的 2.52%，发展到 2013 年的 18.03%。

表 5-20　1998—2013 年辽宁省及全国家具制造业主要经济指标

年份	辽宁省					全国				
	企业单位个数（个）	工业总产值（亿元）	主营业务收入（亿元）	利润总额（亿元）	本年应交增值税（亿元）	企业单位个数（个）	工业总产值（亿元）	主营业务收入（亿元）	利润总额（亿元）	本年应交增值税（亿元）
1998	33	9.09	7.33	0.36	0.11	1 470	294.71	—	—	—
1999	38	9.70	9.40	0.50	0.20	1 473	318.38	292.63	11.36	7.95
2000	40	10.60	10.00	0.80	0.20	1 498	370.18	344.59	15.96	9.89
2001	46	12.97	12.11	1.07	0.31	1 625	434.85	409.62	17.72	11.61
2002	46	14.96	14.35	1.22	0.32	1 767	524.21	492.8	19.66	12.54
2003	67	22.82	21.77	1.78	0.63	2 046	719.97	693.83	28.9	15.09
2004	113	42.8	40.06	3.00	0.48	2 323	—	902.15	39.86	16.23
2005	145	18.82	54.72	3.96	0.70	3 074	1 427.3	1 387.4	61.89	28.91
2006	206	42.38	112.69	7.58	1.41	3 603	1 883.1	1 829.2	86.03	41.78
2007	226	49.49	155.39	6.69	2.25	4 110	2 424.9	2 360.5	108.96	51.82
2008	228	—	157.16	7.26	2.07	5 386	3 072.8	3 001.3	139.88	87.78
2009	261	—	248.67	11.11	4.94	5 576	3 431.1	3 353.3	184.12	81.81
2010	264	—	298.06	16.61	4.47	5 934	4 414.8	4 304.8	281.57	109.81
2011	186	—	291.00	17.23	3.44	4 255	5 089.8	4 946.8	341.04	132.52
2012	171	380.51	361.76	19.49	29.79	4 559	—	5 669.9	387.05	164.96
2013	173	413.66	392.52	22.23	31.58	4 716	—	6 462.8	403.88	175.15

表 5-21 辽宁省家具制造业占全国百分比情况

年份	企业单位个数占比（%）	工业总产值占比（%）	主营业务收入占比（%）	利润总额占比（%）	本年应交增值税占比（%）
1998	2.24	3.08	—	—	—
1999	2.58	3.05	3.21	4.40	2.52
2000	2.67	2.86	2.90	5.01	2.02
2001	2.83	2.98	2.96	6.04	2.67
2002	2.60	2.85	2.91	6.21	2.55
2003	3.27	3.17	3.14	6.16	4.17
2004	4.86	—	4.44	7.53	2.96
2005	4.72	1.32	3.94	6.40	2.42
2006	5.72	2.25	6.16	8.81	3.37
2007	5.50	2.04	6.58	6.14	4.34
2008	4.23	0.00	5.24	5.19	2.36
2009	4.68	0.00	7.42	6.03	6.04
2010	4.45	0.00	6.92	5.90	4.07
2011	4.37	0.00	5.88	5.05	2.60
2012	3.75	—	6.38	5.04	18.06
2013	3.67	—	6.07	5.50	18.03

造纸和纸制品业与全国相比（表 5-22、表 5-23），1998 年，辽宁省造纸和纸制品业单位个数占全国的 2.46%，到 2013 年 3.23%，变化不大。主营业务收入由 1999 年占全国的 1.98%，发展到 2013 年的 3.16%；利润总额 1999 年仅占全国的－2.8%，发展到 2013 年的 4.16%；而本年应交增值税额由 1999 年占全国的 2.55%，发展到 2013 年的 11.23%。

表 5-22　1998—2013 年辽宁省及全国造纸和纸制品业主要经济指标

年份	辽宁省					全国				
	企业单位个数（个）	工业总产值（亿元）	主营业务收入（亿元）	利润总额（亿元）	本年应交增值税（亿元）	企业单位个数（个）	工业总产值（亿元）	主营业务收入（亿元）	利润总额（亿元）	本年应交增值税（亿元）
1998	117	32.88	29.03	0.2	1.50	4 763	1 243.97	—	—	—
1999	116	28.30	24.30	−1.0	1.40	4 657	1 327.73	1 225.69	35.73	54.87
2000	111	27.30	24.80	0.6	1.50	4 672	1 590.36	1 503.09	59.52	62.91
2001	115	30.49	28.48	0.88	1.45	5 027	1 804.28	1 685.4	62.04	71.74
2002	117	31.65	29.31	0.68	1.65	5 285	2 081.54	1 968.06	98.25	85.55
2003	137	35.36	33.30	1.06	1.68	5 570	2 526.05	2 432.38	117.05	99.76
2004	204	42.27	41.38	0.50	1.85	6 086	—	2 988.48	141.05	106.00
2005	228	14.74	53.34	1.63	1.95	7 461	4 161.33	4 034.25	194.04	138.93
2006	287	23.38	73.46	2.27	1.97	7 892	5 034.92	4 944.48	262.56	171.17
2007	293	32.92	112.09	5.23	3.49	8 376	6 325.45	6 151.49	381.23	217.63
2008	303	—	132.43	4.90	2.92	10 011	7 873.87	7 501.23	434.8	263.68
2009	371	—	197.56	12.67	5.32	9 937	8 264.36	8 001.9	504.71	250.65
2010	372	—	287.19	23.94	6.24	10 270	10 434.1	10 201.8	727.08	299.82
2011	263	—	355.56	26.15	6.23	7 073	12 079.5	11 807	760.41	319.17
2012	250	437.86	425.54	32.09	44.92	7 128	—	12 501.5	774.21	357.68
2013	233	436.89	425.04	31.18	43.09	7 213	—	13 471.6	749.61	383.84

表 5-23 辽宁省造纸和纸制品业占全国百分比情况

年份	企业单位个数占比（%）	工业总产值占比（%）	主营业务收入占比（%）	利润总额占比（%）	本年应交增值税占比（%）
1998	2.46	2.64	—	—	—
1999	2.49	2.13	1.98	−2.80	2.55
2000	2.38	1.72	1.65	1.01	2.38
2001	2.29	1.69	1.69	1.42	2.02
2002	2.21	1.52	1.49	0.69	1.93
2003	2.46	1.40	1.37	0.91	1.68
2004	3.35	—	1.38	0.35	1.75
2005	3.06	0.35	1.32	0.84	1.40
2006	3.64	0.46	1.49	0.86	1.15
2007	3.50	0.52	1.82	1.37	1.60
2008	3.03	0.00	1.77	1.13	1.11
2009	3.73	0.00	2.47	2.51	2.12
2010	3.62	0.00	2.82	3.29	2.08
2011	3.72	0.00	3.01	3.44	1.95
2012	3.51	—	3.40	4.14	12.56
2013	3.23	—	3.16	4.16	11.23

印刷和记录媒介复制业与全国相比（表 5-24、表 5-25），1998 年，辽宁省印刷和记录媒介复制业单位个数占全国的 3.91%，到 2013 年 2.55%，有所下降。主营业务收入由 1999 年占全国的 2.53%，发展到 2013 年的 3.14%；利润总额 1999 年仅占全国的 0.52%，发展到 2013 年的 3.30%；而本年应交增值税额由 1999 年占全国的 2.44%，发展到 2013 年的 10.83%。

表 5-24　1998—2013 年辽宁省及全国印刷和记录媒介复制业主要经济指标

年份	辽宁省					全国				
	企业单位个数（个）	工业总产值（亿元）	主营业务收入（亿元）	利润总额（亿元）	本年应交增值税（亿元）	企业单位个数（个）	工业总产值（亿元）	主营业务收入（亿元）	利润总额（亿元）	本年应交增值税（亿元）
1998	151	15.76	14.79	0.73	0.87	3 863	544.19	—	—	—
1999	129	13.80	13.70	0.20	0.70	3 824	578.76	542.32	38.38	28.72
2000	129	13.50	13.10	0.20	0.80	3 703	616.71	588.00	47.31	31.02
2001	116	12.88	12.89	−0.15	0.82	3 691	726.03	679.25	53.44	36.58
2002	102	12.71	13.41	0.22	0.80	3 806	825.56	771.61	58.95	40.07
2003	98	14.00	15.42	0.34	0.89	4 084	1 027.2	980.31	73.86	45.72
2004	185	18.02	17.73	0.86	0.85	4 354	—	921.46	80.69	46.32
2005	157	9.88	28.24	0.89	1.03	4 826	1 443	1 386.6	93.19	58.21
2006	178	11.36	36.63	1.04	1.35	5 029	1 706.6	1 653.2	115.69	67.56
2007	293	32.92	112.09	5.23	3.49	5 083	2 117.6	2 039.3	155.88	79.88
2008	158	—	73.38	2.85	1.67	6 481	2 685.0	2 593.4	200.67	110.78
2009	189	—	84.09	4.79	2.66	6 618	2 972.9	2 873.1	236.52	104.2
2010	177	—	105.23	6.12	2.84	6 850	3 562.9	3 468.3	309.2	119.19
2011	114	—	115.68	8.4	2.02	3 789	3 861.0	3 784.3	349.78	128.55
2012	107	141.58	139.87	12.34	15.91	4 189	—	4 535.4	397.85	149.52
2013	110	169.26	165.9	13.86	18.13	4 321	—	5 291.3	420.08	167.43

表 5-25 辽宁省印刷和记录媒介复制业占全国百分比情况

年份	企业单位个数占比（%）	工业总产值占比（%）	主营业务收入占比（%）	利润总额占比（%）	本年应交增值税占比（%）
1998	3.91	2.90	—	—	—
1999	3.37	2.38	2.53	0.52	2.44
2000	3.48	2.19	2.23	0.42	2.58
2001	3.14	1.77	1.90	−0.28	2.24
2002	2.68	1.54	1.74	0.37	2.00
2003	2.40	1.36	1.57	0.46	1.95
2004	4.25	—	1.92	1.07	1.84
2005	3.25	0.68	2.04	0.96	1.77
2006	3.54	0.67	2.22	0.90	2.00
2007	5.76	1.55	5.50	3.36	4.37
2008	2.44	0.00	2.83	1.42	1.51
2009	2.86	0.00	2.93	2.03	2.55
2010	2.58	0.00	3.03	1.98	2.38
2011	3.01	0.00	3.06	2.40	1.57
2012	2.55	—	3.08	3.10	10.64
2013	2.55	—	3.14	3.30	10.83

橡胶和塑料制品业与全国相比（表 5-26、表 5-27），1998 年，辽宁省橡胶和塑料制品业单位个数占全国的 3.06%，到 2013 年 5.17%，变化不大。主营业务收入由 1999 年占全国的 3.09%，发展到 2013 年的 6.22%；利润总额 1999 年仅占全国的 0.67%，发展到 2013 年的 6.18%；而本年应交增值税额由 1999 年占全国的 3.31%，发展到 2013 年的 24.07%。

表 5-26　1998—2013 年辽宁省及全国橡胶和塑料制品业主要经济指标

年份	辽宁省					全国				
	企业单位个数（个）	工业总产值（亿元）	主营业务收入（亿元）	利润总额（亿元）	本年应交增值税（亿元）	企业单位个数（个）	工业总产值（亿元）	主营业务收入（亿元）	利润总额（亿元）	本年应交增值税（亿元）
1998	239	64.17	65.02	−1.27	2.60	7 801	2 263.4	—	—	—
1999	247	74.10	68.20	0.40	2.30	7 852	2 403.7	2 210.5	59.69	69.49
2000	244	97.30	88.30	2.90	3.40	8 013	2 712.4	2 531.5	81.17	77.44
2001	256	112.81	105.83	4.27	3.66	8 661	3 030.4	2 846.6	117.87	91.30
2002	282	120.16	118.79	5.90	4.75	9 487	3 552.5	3 333.4	152.74	103.63
2003	310	156.61	157.08	10.41	5.55	10 398	4 376.7	4 169.2	188.86	115.66
2004	490	208.11	207.04	9.32	7.14	11 718	—	4 540.7	213.57	116.46
2005	563	75.08	239.47	11.61	5.87	15 075	7 264.6	7 089.0	320.98	167.31
2006	723	103.76	356.10	12.01	6.34	16 857	9 112.9	8 894.4	385.94	211.49
2007	834	141.33	474.87	23.85	10.83	19 071	11 583	11 276	580.29	286.53
2008	911	—	631.07	28.54	16.04	24133	14 126	13 774	692.24	394.97
2009	1205	—	841.83	43.63	23.45	24 614	15 737	15 244	928.05	403.51
2010	1210	—	1 136.04	83.6	25.84	25 889	19 779	19 397	1 328.3	485.86
2011	843	—	1 311.77	79.77	29.03	16 680	22 910	22 562	1 452.42	530.98
2012	860	1 593.92	1 555.01	88.54	130.88	16 356	—	24 157	1 568.74	600.02
2013	863	1 737.47	1 699.98	106.1	156.37	16 692	—	27 311	1 716.27	649.74

表 5-27　辽宁省橡胶和塑料制品业占全国百分比情况

年份	企业单位个数占比（%）	工业总产值占比（%）	主营业务收入占比（%）	利润总额占比（%）	本年应交增值税占比（%）
1998	3.06	2.84	—	—	—
1999	3.15	3.08	3.09	0.67	3.31
2000	3.05	3.59	3.49	3.57	4.39
2001	2.96	3.72	3.72	3.62	4.01
2002	2.97	3.38	3.56	3.86	4.58
2003	2.98	3.58	3.77	5.51	4.80
2004	4.18	—	4.56	4.36	6.13
2005	3.73	1.03	3.38	3.62	3.51
2006	4.29	1.14	4.00	3.11	3.00
2007	4.37	1.22	4.21	4.11	3.78
2008	3.77	0.00	4.58	4.12	4.06
2009	4.90	0.00	5.52	4.70	5.81
2010	4.67	0.00	5.86	6.29	5.32
2011	5.05	0.00	5.81	5.49	5.47
2012	5.26	—	6.44	5.64	21.81
2013	5.17	—	6.22	6.18	24.07

5.2.2　行业贡献

本节通过1998—2013年时间序列数据，从历史角度对辽宁省农产品加工业12大类行业进行了详细的宏观描述性统计分析，使我们可以看到整个辽宁省农产品加工在全国所处的位置。

辽宁省农产品加工业至少有九个行业在某些方面高于全国均数，农副食品加工业、食品制造业、饮料制造业、造纸和纸制品业、服装及其他纤维制品制造业、家具制造业、橡胶和塑料制品业、印刷和记录媒介复制业、木材加工及竹藤棕草制品业。这些行业除饮料制造业利润总额略低于全国均数，印刷和记录媒介复制业企业数量低于全国均数外，其他在企业数量、主营业务收入、利润总额、本年应交增值税额方面均高于全国均数。

纺织业、烟草制品业在企业数量、主营业务收入、利润总额方面低于全国均数，皮革毛皮羽毛及其制品和制鞋业在企业数量、而主营业务收入方面低于全国均数。

从统计的各项经济指标看，辽宁省农产品加工业在应交增值税一项上占比最高，农副食品加工业应交增值税额年增幅竟达到全国年增幅的1倍有余，在全国占比达到39.44%（2013年），占全国的2/5。其他九个行业占比超过10%，依次为橡胶和塑料制品业24.07%、木材加工及竹藤棕草制品业20.70%、家具制造业18.03%、服装及其他纤维制造制品制造业14.34%、食品制造业12.67%、皮革毛皮羽毛及其制品和制鞋业12.64%、造纸和纸制品业11.23%、印刷和记录媒介复制业10.83%、饮料制造业10.66%。只有纺织业6.13%、烟草制品业5.19%较低，也都超过5%。可见，辽宁省农产品加工业创税能力强劲，体现了共和国长子的风采，为国民经济发展贡献巨大。

5.3　本章总结

本章第一节利用2000年、2006年和2013年三个时间截面上的数据对辽宁省和全国的12个行业主要经济指标展开比较，对辽宁农产品加工业在跨越“十五”、“十一五”、“十二五”三个发展阶段中的发展情况及在全国的地位形成一个总体描述；可以看到辽宁省农产品加工业发展在“十五”、“十一五”和“十二五”期间在全国占有的地位。第二节利用1998—2013年的时间序列数据对辽宁和全国的每个行业展开详细比较，通过这种更长时期的、更连续的历史梳理，更深入地对辽宁省农产品加工行业在全国的发展水平有清晰的了解和认识。通过以上分析可以形成如下结论：

(1) 辽宁省农产品加工业在全国的优势随着时间的发展越来越强，发展水平较大幅度超过了全国平均水平，不但具有粗放优势，更具有集约优势，行业的资源利用效率水平远远超过全国平均水平。

(2) 辽宁省农产品加工业所含的 12 个行业中，农副食品加工业在全国的优势最为明显，再次展现从“小粗放优势”到“大集约优势”的发展风景。

(3) 辽宁省农产品加工业发展水平在全国的地位得到了巨大提升。从“十五”到“十二五”，辽宁省农产品加工业发展体现了“两个翻转”，其一：发展水平在全国平均水平之上的行业数量发生了翻转，由 2000 年的“3/4 低于”到 2013 年的“2/3 高于”。其二，行业的“优势面”发生了翻转，由 2006 年的“粗放优势”翻转到了 2013 年的“集约优势”。2013 年时，不管哪个行业，当关注的焦点由“数量方面”向“质量方面”转变时，其超越全国平均水平的程度越来越明显，由“粗放优势”到“集约优势”已经成为不争的事实。

(4) 辽宁省农产品加工业增幅迅速，12 大行业中至少有 9 个行业高于全国增幅水平。作为传统的优势主导产业农副食品加工业、木材加工及竹藤棕草制品业、橡胶和塑料制品业和家具制造业表现稳定，农副食品加工业成为行业的领军者。

(5) 辽宁省农产品加工业在为国家创税能力上表现突出。辽宁省农副食品加工业创税增速最为迅速，包括其他九个行业占比均超过全国的 10%。可见，辽宁省农产品加工业创税能力强劲，体现出辽宁省东北老工业基地的本色，为国民经济的发展做出了巨大的贡献。

第六章　辽宁省与全国农产品加工业的关系分析：基于因子分析和协整模型

第五章利用1998—2013年的数据，对辽宁省农产品加工业与全国农产品加工业从时间特征上，在12个行业的企业单位个数、主营业务收入等多个方面的表现进行了详细的统计刻画和比较分析，从而让我们对辽宁省农产品加工业发展水平在全国的地位有了较好把握。那么，进一步的，辽宁省的农产品加工业与全国农产品加工业是否存在某种特定的关系？它们之间是相互影响、相互促进、相互依赖的关系吗？辽宁省的农产品加工业能对全国农产品加工业发展形成影响吗？或者，如果辽宁省农产品加工业取得发展，全国农产品加工业是否会对其有所反应，是否会被刺激？另一方面，随着全国农产品加工业发展水平的提高，辽宁省农产品加工业发展水平也会相应提高吗？如果能，这些影响在统计上是显著的吗？总之，这样一个局部省份的农产品加工业发展是否会对全国总体发展水平形成影响，或者受到其影响等问题就是亟待回答的问题。从统计上厘清这个关系，不但有助于我们更好理解辽宁省农产品加工业在全国的地位，还能进一步了解其对全国的作用，进而为相关政策追求局部最优目标时也能兼顾全局最优目标提供定量依据，最终使辽宁省和全国农产品加工业取得更好地融合发展。

本章的研究目标是基于农产品加工12个细分行业的1998—2013年的数据，利用多元统计分析中的因子分析方法对辽宁省和全国的农产品加工业的发展水平进行综合降维刻画，在此基础上利用时间序列计量经济学中的协整模型和格兰杰因果关系检验考察两个综合指标之间的动态关系，进而达到对辽宁省和全国农产品加工业发展关系的定量分析目标。

6.1 数据、思路和方法

6.1.1 数据

本章所用数据依然是第五章的数据，来自于历年《中国统计年鉴》和《辽宁省统计年鉴》，样本期为1998—2013年。数据包括农副食品加工业、食品制造业、纺织业等十二大农产品加工行业的全部规模以上工业企业主要指标。这些指标包括企业单位数、工业总产值、资产总计、主营业务收入、利润总额和利税总额等方面。按照相关标准，这十二大类行业基本覆盖了农产品加工业的方方面面，对其具有很好的代表性。

6.1.2 思路

第一，发展水平的综合降维刻画。截至目前，关于农产品加工业的统计数据首先是分行业的，然后是对这个行业的某些方面，例如企业单位数和主营业务收入等进行统计刻画。那么，能不能将某个细分行业的企业单位个数、主营业务收入、利润总额和应交增值税等多方面的表现综合成一个统计指标？然后，基于这个综合指标开展相应的刻画、衡量以及与其他地区的比较分析？实际上，从统计学上讲，这些不同方面的指标或多或少存在信息的重复，或者每个指标所刻画的维度之间不是垂直正交关系。因此，我们有必要将每个指标所含的最有用信息提取出来，使每个指标在某个维度上都成为最具有代表性的指标，然后将这些“独一无二”的信息提炼成一个综合指标，更准确地刻画某个农产品加工细分行业的发展水平，并依次展开分析和比较。为此，我们将利用因子分析法对辽宁省和全国的农产品加工业的细分行业的发展水平进行综合降维刻画。

需要说明的是，考虑到篇幅以及研究思路的同一性，本章只考察农副食品加工业、食品制造业、橡胶和塑料制品业，以及木材加工和竹藤棕草制品业四个重点行业；而且，只对农副食品加工业的各种分析结果进行详细报告。从前述章节可知，这四个行业在辽宁省农产品加工业中占据极其重要的地位，2013 年时，它们的企业单位数、主营业务收入、利润总额和本年应交增值税等方面在全国的占比都很高。因此，考察它们与全国相应行业的关系基本能把握辽宁与全国农产品加工业的发展关系。

第二，对两者关系进行协整分析和因果检验。在上述因子分析的基础上，利用时间序列计量经济学对两者间的关系进行动态考察。具体分四步：①对两个综合指标进行平稳性检验，即单位根检验。如果都是平稳变量，则可以直接对它们的关系进行考察。②如果不平稳、且同阶单整，考察两者之间是否存在协整关系，即考察辽宁省和全国的农产品加工业发展之间是否存在某种长期稳定的均衡关系。③如果存在协整关系，进一步的考察两者之间是否存在格兰杰因果关系，即考察辽宁省和全国的农产品加工业发展之间是否存在相互促进、互为因果的动态关系。④如果存在协整关系，更形象地考察辽宁省和全国的农产品加工业发展之间是如何相互刺激和反应的，即利用向量自回归模型（VAR 模型）对两个综合指标进行脉冲响应分析（Impulse Response Analysis）。

6.1.3 方法

因子分析法。因子分析是指研究从变量群中提取共性因子的统计技术。最早由英国心理学家 C. E. 斯皮尔曼提出。他发现学生的各科成绩之间存在着一定的相关性，一科成绩好的学生，往往其他各科成绩也比较好，从而推想是否存在某些潜在的共性因子，或称某些一般智力条件影响着学生的学习成绩。因子分析可在许多变量中找出隐藏的具有代表性的因子。将相同本质的变量归入一个因子，可减少变量的数目，还可检验变量间关系的假设。

因子分析的方法约有 10 多种，如重心法、影像分析法，最大似然解、最小平方方法、阿尔法抽因法、拉奥典型抽因法等等。这些方法本质上大都属近似方法，是以相关系数矩阵为基础的，所不同的是相关系数矩阵对角线上的值。在社会学研究中，因子分析常采用以主成分分析为基础的反覆法。

本章也采用主成分分析方法进行分析。主成分分析（Principal Component Analysis，PCA），是考察多个变量间相关性一种多元统计方法，研究如何通过少数几个主成分来揭示多个变量间的内部结构，即从原始变量中导出少数几个主成分，使它们尽可能多地保留原始变量的信息，且彼此间互不相关。通常数学上的处理就是将原来 P 个指标作线性组合，作为新的综合指标。在实际运用中，为了全面分析问题，往往提出很多与此有关的变量（或因素），因为每个变量都在不同程度上反映这个课题的某些信息。主成分分析首先是由 K. 皮尔森对非随机变量引入的，尔后 H. 霍特林将此方法推广到随机向量的情形。信息的大小通常用离差平方和或方差来衡量。

单位根检验。单位根检验是指检验序列中是否存在单位根，因为存在单位根就是非平稳时间序列了。单位根就是指单位根过程，可以证明，序列中存在单位根过程就不平稳，会使回归分析中存在伪回归。单位根检验的方法有很多，如 ADF 检验、DFGLS 检验、PP 检验、KPSS 检验、ERS 检验和 NP 检验，但是 ADF 检验的方法是比较常用的。本章采用此方法进行检验。

ADF 检验的步骤如下：①对原始时间序列进行检验，如果没通过检验，说明原始时间序列不平稳；②对原始时间序列进行一阶差分后再检验，若仍然未通过检验，则需要进行二次差分变换；③对二次差分序列的检验，如果仍然未通过检验，则继续差分，直到平稳为止。

协整检验。一般来说，两个非平稳序列的线性组合也是非平稳的。若 $x_t \sim \mathrm{I}(c)$，$y_t \sim \mathrm{I}(c)$，则 $z_t = (ax_t + by_t) \sim \mathrm{I}(c)$。用非平稳变量建立回归模型会产生虚假回归问题。

大多数经济变量都是非平稳的。一般具有一阶或二阶单整性。表面看，这些变量很难存在长期均衡关系，而实际上某些经济变量的线性组合却有可能是平稳的。经济理论指出这些变量存在长期稳定的均衡关系。比如净收入与消费、政府支出与税收、工资与价格、进口与出口、货币供应量与价格水平、现货价格与期货价格以及男、女人口数等都存在这种均衡关系。虽然经济变量在变化中经常会离开均衡点，但内在的均衡机制将不断地消除偏差维持均衡关系。

非平稳经济变量间存在的这种长期稳定的均衡关系称作协整关系。协整是对非平稳经济变量长期均衡关系的统计描述。若两个非平稳变量之间存在协整关系，则它们之间的离差称为非均衡误差。非均衡误差是平稳的。比如两个 I（1）变量存在如下关系，

$$y_t = \beta_1 x_t + u_t \tag{6-1}$$

其中 $u_t \sim \mathrm{I}(0)$，则 $y_t = \beta_1 x_t$ 是长期均衡关系，$u_t = y_t - \beta_1 x_t$ 称为非均衡误差。非均衡误差序列应该是在零（长期均衡位置）上下波动，不会离开零值太远，并以一个不太快的频率穿越零值（或均值）水平线。本书采用 Johansen 方法进行协整检验。

格兰杰因果关系检验。如果由 y_t 和 x_t 滞后值所决定的 y_t 的条件分布与仅由 y_t 滞后值所决定的条件分布相同，即

$$f(y_t \mid y_{t-1}, \cdots, x_{t-1}, \cdots) = f(y_t \mid y_{t-1}, \cdots) \tag{6-2}$$

则称 x_{t-1} 对 y_t 存在格兰杰非因果性。

格兰杰非因果性的另一种表述是其他条件不变，若加上 x_t 的滞后变量后对 y_t 的预测精度不存在显著性改善，则称 x_{t-1} 对 y_t 存在格兰杰非因果性关系。为简便，通常总是把 x_{t-1} 对 y_t 存在非因果关系表述为 x_t（去掉下标－1）对 y_t 存在非因果关系（严格讲，这种表述是不正确的）。在实际中，除了使用格兰杰非因果性概念外，也使用“格兰杰因果性”概念。顾名思义，这个概念首先由格兰杰（Granger 1969）提出。

VAR 模型。1980 年 Sims 提出向量自回归模型（vector autoregressive model）。这种模型采用多方程联立的形式，它不以经济理论为基础，在模型的每一个方程中，内生变量对模型的全部内生变量的滞后值进行回归，从而估计全部内生变量的动态关系。

VAR 模型是自回归模型的联立形式，所以称向量自回归模型。假设 y_{1t}，y_{2t}之间存在关系，如果分别建立两个自回归模型：

$$y_{1,t}=f\ (y_{1,t-1},\ y_{1,t-2},\ \cdots)$$

$$y_{2,t}=f\ (y_{2,t-1},\ y_{2,t-2},\ \cdots)$$

则无法捕捉两个变量之间的关系。如果采用联立的形式，就可以建立起两个变量之间的关系。VAR 模型的结构与两个参数有关。一个是所含变量个数 N，一个是最大滞后阶数 k。

以两个变量 y_{1t}，y_{2t}滞后 1 期的 VAR 模型为例，

$$\begin{cases} y_{1,t}=c_1+\pi_{11.1}y_{1,t-1}+\pi_{12.1}y_{2,t-1}+u_{1t} \\ y_{2,t}=c_2+\pi_{21.1}y_{1,t-1}+\pi_{22.1}y_{2,t-1}+u_{2t} \end{cases} \qquad (6-3)$$

其中 u_{1t}，$u_{2t}\sim \mathrm{IID}\ (0,\ \sigma^2)$，$\mathrm{Cov}\ (u_{1t},\ u_{2t})=0$。写成矩阵形式是，

$$\begin{bmatrix} y_{1t} \\ y_{2t} \end{bmatrix}=\begin{bmatrix} c_1 \\ c_2 \end{bmatrix}+\begin{bmatrix} \pi_{11.1} & \pi_{12.1} \\ \pi_{21.1} & \pi_{22.1} \end{bmatrix}\begin{bmatrix} y_{1,t-1} \\ y_{2,t-1} \end{bmatrix}+\begin{bmatrix} u_{1t} \\ u_{2t} \end{bmatrix} \qquad (6-4)$$

设，$Y_t=\begin{bmatrix} y_{1t} \\ y_{2t} \end{bmatrix}, c=\begin{bmatrix} c_1 \\ c_2 \end{bmatrix}, \Pi_1=\begin{bmatrix} \pi_{11.1} & \pi_{12.1} \\ \pi_{21.1} & \pi_{22.1} \end{bmatrix}, u_t=\begin{bmatrix} u_{1t} \\ u_{2t} \end{bmatrix}$，

则，

$$Y_t=c+\Pi_1 Y_{t-1}+u_t \qquad (6-5)$$

那么，含有 N 个变量滞后 k 期的 VAR 模型表示如下：

$$Y_t = c + \Pi_1 Y_{t-1} + \Pi_2 Y_{t-2} + \cdots + \Pi_k Y_{t-k} + u_t,\ u_t \sim \text{IID}(0,\ \Omega) \tag{6-6}$$

其中，

$$Y_t = (y_{1,t}\quad y_{2,t}\cdots\quad y_{N,t})'$$

$$c = (c_1\quad c_2\cdots c_N)'$$

$$\Pi_j = \begin{bmatrix} \pi_{11.j} & \pi_{12.j} & \cdots & \pi_{1N.j} \\ \pi_{21.j} & \pi_{22.j} & \cdots & \pi_{2N.j} \\ \vdots & \vdots & \ddots & \vdots \\ \pi_{N1.j} & \pi_{N2.j} & \cdots & \pi_{NN.j} \end{bmatrix}, j = 1,2,\cdots,k$$

$$u_t = (u_{1,t}\quad u_{2,t}\cdots u_{N,t})'$$

Y_t 为 $N\times1$ 阶时间序列列向量。μ 为 $N\times1$ 阶常数项列向量。Π_1，…，Π_k 均为 $N\times N$ 阶参数矩阵，$u_t \sim \text{IID}(0,\ \Omega)$ 是 $N\times1$ 阶随机误差列向量，其中每一个元素都是非自相关的，但这些元素，即不同方程对应的随机误差项之间可能存在相关。

因 VAR 模型中每个方程的右侧只含有内生变量的滞后项，他们与 u_t 是渐近不相关的，所以可以用 OLS 法依次估计每一个方程，得到的参数估计量都具有一致性。

6.2　计量分析

6.2.1　农副食品加工业

（1）因子分析

根据统计年鉴，农副食品加工业的经济指标主要包括 11 个，它们是企业单位数（个），工业总产值、资产总计、流动资产合计、负债合计、所有者权益、主营业务收入、主营业务成本、主营业务税金及附加、利润总额和本年应交增值税，这些经济指标的单位都是亿元。显然，如表 6－1 所示，这些指标之间存在不同程度的相关性，而且很多指标之间相关程度很高。更严谨的，对它

表 6-1 辽宁省农副食品加工业主要经济指标的相关系数

单位：个，亿元

	企业单位数	工业总产值	资产总计	流动资产合计	负债合计	所有者权益	主营业务收入	主营业务成本	主营业务税金及附加	利润总额	本年应交增值税
企业单位数	1.000	0.341	0.887	0.815	0.897	0.846	0.799	0.797	0.781	0.773	0.465
工业总产值	0.341	1.000	0.263	0.673	0.594	0.186	0.736	0.737	0.722	0.732	0.987
资产总计	0.887	0.263	1.000	0.887	0.929	0.994	0.843	0.843	0.831	0.830	0.400
流动资产合计	0.815	0.673	0.887	1.000	0.985	0.850	0.991	0.991	0.973	0.980	0.771
负债合计	0.897	0.594	0.929	0.985	1.000	0.890	0.974	0.974	0.955	0.961	0.703
所有者权益	0.846	0.186	0.994	0.850	0.890	1.000	0.799	0.798	0.788	0.787	0.327
主营业务收入	0.799	0.736	0.843	0.991	0.974	0.799	1.000	1.000	0.987	0.992	0.828
主营业务成本	0.797	0.737	0.843	0.991	0.974	0.798	1.000	1.000	0.988	0.991	0.828
主营业务税金及附加	0.781	0.722	0.831	0.973	0.955	0.788	0.987	0.988	1.000	0.971	0.811
利润总额	0.773	0.732	0.830	0.980	0.961	0.787	0.992	0.991	0.971	1.000	0.824
本年应交增值税	0.465	0.987	0.400	0.771	0.703	0.327	0.828	0.828	0.811	0.824	1.000

们之间的相关性进行检验，以考察是否有必要或者适合进行因子分析。从表 6－2 可以发现，KMO 检验统计量的值为 0.633，大于 0.5，因此适合进行因子分析；同样的，Bartlett 检验统计量的值很大，且对应的 P 值为 0，再次表明适合进行因子分析。

表 6－2 辽宁农副食品加工业相关经济指标的 KMO 和 Bartlett 的检验

取样足够度的 Kaiser-Meyer-Olkin 度量		0.633
Bartlett 的球形度检验	近似卡方	665.881
	df	55
	Sig.	0.000

如果按照因子分析法中惯常的做法，会把大于 1 的特征根个数作为提取公因子的个数。图 6－1 为碎石头，横轴表示因子序号，纵轴表示特征根大小，它可以直观地显示各因子的重要程度。位于陡坡上的点对应的特征根较大，作用最明显；后面位于平台上的点对应较小的特征根，作用逐渐减弱。从图 6－1 可以看到，特征根大于 1 的主成分有两个，即这两个主成分的作用明显，只需提取这两个因子即可代表上述 11 个因子。但是，因为我们要对辽宁省和全国的农副食品加工业发展水平进行比较分析，所以只提取一个主成分进行分析，即把 11 个指标降维成一个综合因子来进行比较分析，记为 Ln _ nf，本章下面几个行业做法类似。

表 6－3 的成分矩阵反映了各个变量提取出来的公因子上的负荷，从中可以看出各变量的变异主要由公因子解释的程度。例如，所提取的这个公因子反映了企业单位数这个变量的 84.5%的信息，反映了利润总额变量的 98.5%信息，等等。显然，这个公因子能够很好地代表 11 个经济指标，是一个能很好体现辽宁农副食品加工业发展水平的综合指标。

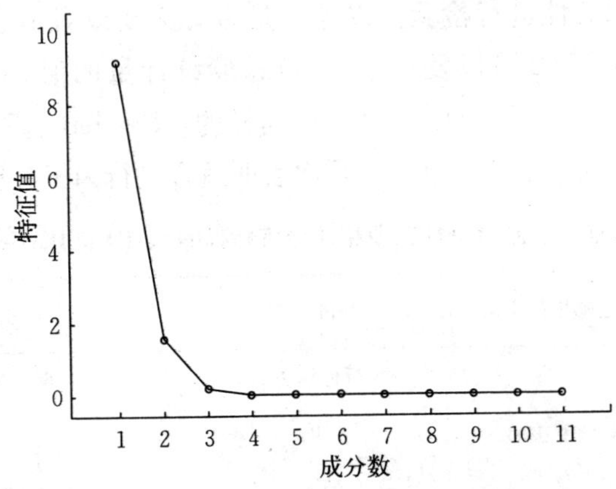

图 6-1 辽宁农副食品加工业相关经济指标因子分析碎石图

表 6-3 辽宁省农副食品加工业综合因子的成分矩阵[a]

变量	成分 Ln_nf
ln 企业单位数：个	0.845
ln 工业总产值：亿元	0.686
ln 资产总计：亿元	0.880
ln 流动资产合计：亿元	0.994
ln 负债合计：亿元	0.990
ln 所有者权益：亿元	0.838
ln 主营业务收入：亿元	0.996
ln 主营业务成本：亿元	0.996
ln 主营业务税金及附加：亿元	0.982
ln 利润总额：亿元	0.985
ln 本年应交增值税：亿元	0.786

注：提取方法：主成分。

a. 已提取了 1 个成分。

运用同样的思路和方法，我们对全国的农副食品加工业进行了降维处理。从表 6-4 可以看到，全国农副食品加工业的 11 个经济指标之间存在较为严重的相关性。表 6-5 表明，KMO 检验统计

表 6-4　全国农副食品加工业主要经济指标的相关系数

单位：个，亿元

	企业单位数	工业总产值	资产总计	流动资产合计	负债合计	所有者权益	主营业务收入	主营业务成本	主营业务税金及附加	利润总额	本年应交增值税
企业单位数	1.000	0.634	0.856	0.842	0.835	0.845	0.833	0.831	0.915	0.841	0.838
工业总产值	0.634	1.000	0.366	0.354	0.339	0.370	0.342	0.335	0.429	0.413	0.364
资产总计	0.856	0.366	1.000	0.999	0.979	0.973	0.979	0.979	0.954	0.970	0.975
流动资产合计	0.842	0.354	0.999	1.000	0.978	0.972	0.979	0.979	0.947	0.969	0.974
负债合计	0.835	0.339	0.979	0.978	1.000	0.990	0.999	0.999	0.972	0.991	0.995
所有者权益	0.845	0.370	0.973	0.972	0.990	1.000	0.993	0.993	0.976	0.984	0.991
主营业务收入	0.833	0.342	0.979	0.979	0.999	0.993	1.000	1.000	0.973	0.990	0.996
主营业务成本	0.831	0.335	0.979	0.979	0.999	0.993	1.000	1.000	0.973	0.989	0.996
主营业务税金及附加	0.915	0.429	0.954	0.947	0.972	0.976	0.973	0.973	1.000	0.967	0.975
利润总额	0.841	0.413	0.970	0.969	0.991	0.984	0.990	0.989	0.967	1.000	0.995
本年应交增值税	0.838	0.364	0.975	0.974	0.995	0.991	0.996	0.996	0.975	0.995	1.000

量的值为0.776，大于0.5，因此适合进行因子分析；同样的，Bartlett检验统计量的值很大，且对应的P值为0，再次表明适合进行因子分析。如果从图6-2的碎石图可以看到，如果能提取两个公因子是最好的，但为了分析的方便，这里依然只提取一个公因子。从表6-6可以看到，提取出来的公因子较好地反映了11个经济指标的相关信息，反映了利润总额变量信息的99%，反映了主营业务收入变量信息的99.2%。所以提取的这一个公因子能够很好地反映全国农副食品加工业的总体发展水平。

表6-5　全国农副食品加工业相关经济指标的KMO和Bartlett的检验

取样足够度的 Kaiser-Meyer-Olkin 度量		0.776
Bartlett 的球形度检验	近似卡方	530.768
	df	55
	Sig.	0.000

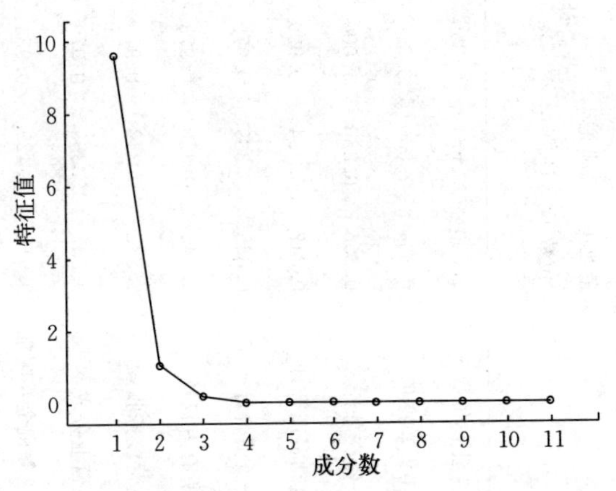

图6-2　全国农副食品加工业相关经济指标因子分析碎石图

表 6-6　全国农副食品加工业综合因子的成分矩阵[a]

变量	成分 Qg _ nf
qg 企业单位数：个	0.891
qg 工业总产值：亿元	0.437
qg 资产总计：亿元	0.985
qg 流动资产合计：亿元	0.981
qg 负债合计：亿元	0.991
qg 所有者权益：亿元	0.990
qg 主营业务收入：亿元	0.992
qg 主营业务成本：亿元	0.991
qg 主营业务税金及附加：亿元	0.985
qg 利润总额：亿元	0.990
qg 本年应交增值税：亿元	0.992

注：提取方法：主成分。

a. 已提取了 1 个成分。

最后获得表 6-7 所示的辽宁省和全国的 1997—2013 年的衡量农副食品加工业总体发展水平的综合因子。这些因子都是无量纲化的因子，失去了具体的经济含义，但它们的变化趋势反映了原有的变化规律。下面对两者间的关系进行分析。

表 6-7　辽宁和全国的农副食品加工业发展水平的综合因子

年份	Ln _ nf	Qg _ nf
1997	−0.682 2	−1.042 5
1998	−0.821 9	−0.248 8
1999	−0.833 5	−0.884 6
2000	−0.823 3	−0.884 2

（续）

年份	Ln _ nf	Qg _ nf
2001	−0.837 9	−0.872 2
2002	−0.807 8	−0.844 2
2003	−0.725 1	−0.762 4
2004	−0.585 8	−0.734 8
2005	−0.494 0	−0.483 7
2006	−0.308 4	−0.324 7
2007	−0.100 0	−0.054 7
2008	0.089 0	0.377 5
2009	0.607 5	0.648 7
2010	1.065 8	1.079 5
2011	1.429 0	1.372 9
2012	1.790 2	1.678 9
2013	2.038 2	1.979 4

（2）单位根检验

在第四章的时候已经知道，不管是辽宁的还是全国的农副食品加工业的各个指标随着时间推移都呈现持续增长趋势，这至少意味着这些经济变量的期望值一直在增加，因此直观判断是不平稳变量①。从表 6－7 和图 6－3 可以看到，辽宁省和全国农副食品加工业的综合因子也有明显的变化趋势，可以初步判断是非平稳变量。

更严谨的，我们分别对两个综合因子变量进行了 ADF 单位根检验。从表 6－8 可以看到，辽宁农副食品加工业的综合因子

① 判断一个时间序列是否平稳的粗略办法是检验其期望值或者方差是否随着时间变化而有明显的趋势，若有则是不平稳变量。

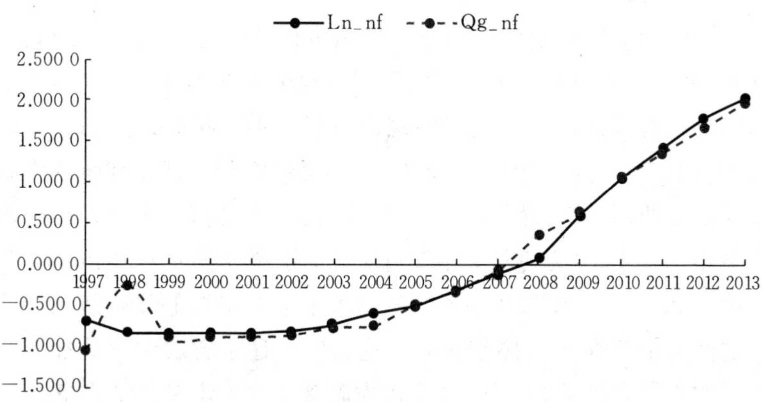

图 6-3 1997—2013 年辽宁和全国农副食品加工业综合因子

Ln _ nf的 ADF 检验统计量的值为－1.315 689，其相应的 P 值为 0.845 3，所以拒绝“Ln _ nf 无单位根”的原假设犯错误概率太高，所以不能拒绝，所以有单位根，所以是不平稳序列；对 Ln _ nf进行一阶差分再进行 ADF 检验，仍然是不平稳不变；对 Ln _ nf 二次差分后的变量的 ADF 统计量为－4.114 577，其相应的 P 值为 0.000 5，所以拒绝“Ln _ nf 的二阶差分序列无单位根”的原假设犯错误的概率很低，可以拒绝，所以该序列是平稳序列。因此，辽宁农副食品加工业的综合因子 Ln _ nf 是二阶单整序列。同样的，从表 6-8 可以看到，全国农副食品加工业的综合因子 Qg _ nf也是二阶差分以后才平稳，即也是二阶单整序列。

表 6-8 辽宁和全国农副食品加工业综合因子的单位根检验

	辽宁 Ln _ nf			全国 Qg _ nf		
变量形式	ADF 统计量	P 值	是否平稳	ADF 统计量	P 值	是否平稳
原变量	－1.315 689	0.845 3	否	－1.010 862	0.913 0	否
一阶差分	－1.824 388	0.355 5	否	－2.524 615	0.130 8	否
二阶差分	－4.114 577	0.000 5	是	－18.349 16	0.000 1	是

(3) 协整检验

既然两个序列是同阶单整，那么可以继续检验两者之间是否存在协整关系。从图 6-3 可以看到，两个序列具有基本同步的变化趋势，有彼此依存、相互围绕的发展关系。我们采用 Johansen 方法对两者进行协整检验，从表 6-9 可以看到：辽宁和全国农副食品加工业两个综合因子 Ln_nf 和 Qg_nf 之间至少存在一个协整关系。其中，“无协整关系”行对应的迹统计量为 15.649 64，其 P 值为 0.047 4，所以可以在 5%的水平上拒绝原假设，所以，两者之间至少存在 1 个协整关系。这表明，辽宁省农副食品加工业发展水平综合因子 Ln_nf 与全国农副食品加工业综合因子 Qg_nf 之间存在一种长期稳定的均衡关系，即两者之间或许在某个时点上发生偏离，但偏离不会太大，也不会太久，如图 6-3 所示那样，这种偏离终会被一种力量拉回均衡关系上。

表 6-9 辽宁省和全国农副食品加工业综合因子的协整关系检验

原假设：协整关系个数	特征根	迹统计量	5%的临界值	P 值
无*	0.671 003	15.649 64	15.494 71	0.047 4
至少 1 个	0.006 105	0.085 732	3.841 466	0.769 7

注：* 表示在 5%的显著水平上拒绝原假设；** 表示 MacKinnon-Haug-Michelis (1999) p-values。

现实中，辽宁省农副食品加工业的发展当然离不开全国农副食品加工业的发展，前者的发展水平在某种程度上可以代表后者，同时，后者的发展水平也会在某种程度上决定前者，两者之间就是这样一种你中有我我中有你的长期稳定均衡关系。当辽宁省农副食品加工业发展水平低落的时候，全国农副食品加工业必然会有所反应；同时，全国农副食品加工业也会给辽宁省农副食品加工业提供技术、信息和市场上的有利冲击，从而逐渐走出低落。当辽宁省农副食品加工业发展水平远远超过全国水平时，必然会因为技术等溢出效应带动全国其他地区农副食品加工业发展，最终将差距缩小，再次回到那种均衡路径上。

（4）格兰杰因果关系检验

为了进一步考察辽宁省和全国农副食品加工业发展水平综合指数 Ln _ nf 和 Qg _ nf 的关系，我们对它们进行了格兰杰因果关系检验。首先，利用 VAR 模型中最优滞后阶数的识别程序（表 6 -10），确定这里最优滞后期为 2 期。其次，为了考察滞后期变化对 Ln _ nf 和 Qg _ nf 的格兰杰因果关系的影响，我们同时做了滞后期为 1，2，3 和 4 的因果关系检验。

表 6－10　6 种准则下辽宁省和全国农副食品加工业综合因子动态分析最优滞后期

滞后期	LogL	LR	FPE	AIC	SC	HQ
0	−7.066 978	NA	0.012 526	1.295 283	1.386 577	1.286 832
1	33.392 49	63.579 16	6.94e－05	−3.913 213	−3.639 331	−3.938 566
2	41.843 27	10.865 29*	3.87e－05*	−4.549 038	4.092 569*	−4.591 293
3	46.332 45	4.489 182	4.12e－05	−4.618 921*	−3.979 864	−4.678 078*

注：* indicates lag order selected by the criterion；LR：sequential modified LR test statistic (each test at 5% level)；FPE：Final prediction error；AIC：Akaike information criterion；SC：Schwarz information criterion；HQ：Hannan-Quinn information criterion。

表 6－11 的格兰杰因果关系检验结果表明：第一，当滞后期为最优滞后期（2 期）的时候，原假设“辽宁不是全国的格兰杰原因”被拒绝，即辽宁省农副食品加工业发展是全国农副食品加工业发展的格兰杰原因，这表明，以前（比如 2 期前，这里是两年前）的辽宁省农副食品加工业发展水平有助于解释当期（今年）全国农副食品加工业的发展水平；或者，辽宁省农副食品加工业当前的发展水平会影响到以后全国农副食品加工业的发展水平；总之，辽宁省农副食品加工业发展对全国发展水平有显著的刺激

影响。同时，我们不能拒绝“全国不是辽宁的格兰杰原因”的原假设，即我们不能根据以前的（当期）全国农副食品加工业的发展情况预测当前（以后）辽宁省的发展情况。但是，两者之间没有双向的因果关系。第二，当滞后期为1期的时候，辽宁是全国、全国不是辽宁的格兰杰原因。但是当滞后期延长到3期或者4期时，结果发生变化，不是辽宁是全国，而是全国是辽宁的格兰杰原因，即全国农副食品加工业的过去（或当前）发展水平能有助于解释辽宁省当前（或以后）的农副食品加工业的发展水平，即全国对辽宁由更显著的冲击影响。第三，综合来说，短期看，辽宁省农副食品加工业发展对全国农副食品加工的发展有显著影响，而反过来不成立；如果从更长的眼光看，全国农副食品加工业的发展水平还是对辽宁省的发展水平有相当的影响。这种结果可能意味着，短期看，辽宁省农副食品加工业的发展能为全国发展带来活力，但长期来看，辽宁省农副食品加工业的发展还需要从全国汲取营养。

表6-11　辽宁省和全国农副食品加工业综合因子（Ln _ nf 和 Qg _ nf）的格兰杰因果关系检验

滞后阶数	原假设	*F*统计量	相应*P*值	是否拒绝原假设
1	全国不是辽宁的格兰杰原因	2.988 22	0.107 53	否
	辽宁不是全国的格兰杰原因	19.307 5	0.000 73	是
2	全国不是辽宁的格兰杰原因	2.697 60	0.115 63	否
	辽宁不是全国的格兰杰原因	10.517 5	0.003 47	是
3	全国不是辽宁的格兰杰原因	15.195 8	0.001 90	是
	辽宁不是全国的格兰杰原因	1.145 08	0.395 19	否
4	全国不是辽宁的格兰杰原因	9.191 46	0.026 99	是
	辽宁不是全国的格兰杰原因	0.104 91	0.974 66	否

注：这里最优滞后期是2期；检验结果以10%的显著水平为依据。

（5）脉冲响应分析

为了进一步考察辽宁和全国农副食品加工业发展的相互影响，利用 VAR 模型做了脉冲响应分析。第一，从图 6－4 可以看到，当辽宁省农副食品加工业发展受到一个标准差的正向冲击后，全国农副食品加工业在当期会立即做出正向响应，而且这种响应持续增加到第 7 期，随后开始减弱。第二，从图 6－5 可以看到，当全国农副食品加工业发展受到一个标准差的正向冲击后，辽宁省农副食品加工业也会在当期立即做出正向响应，但是反应程度相对要小，而且这种响应也持续增加，到第 8 期后基本稳定。第三，从响应的方向、大小以及变化和持续特点来看，全国农副食品加工业发展对来自辽宁省的发展冲击会在短期内有所响应，而且幅度较大；而对来自全国的冲击，辽宁省的响应要稍慢且幅度稍小一些。这与前面的格兰杰因果关系检验结果有某种程度的一致性。

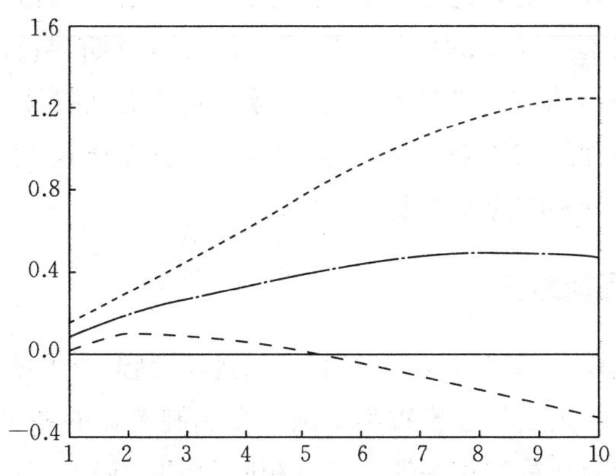

图 6－4　全国农副食品加工业对辽宁省农副食品加工业变化的脉冲响应图

（6）小结

本节首先利用因子分析法分别对辽宁省和全国农副食品加工业的 11 个指标降维处理，得到两个衡量它们综合发展水平的综合

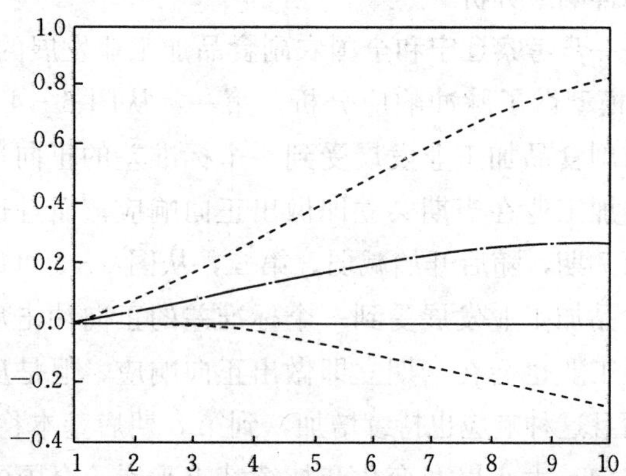

图 6-5　辽宁省农副食品加工业对全国农副食品加工业变化的脉冲响应图

因子 Ln _ nf 和 Qg _ nf。计量分析表明，两个指标存在长期稳定的协整关系，即辽宁省和全国的农副食品加工业的发展水平之间存在彼此相依、相互影响的长期稳定关系。进一步发现，辽宁省农副食品加工业的发展是全国农副食品加工业发展的格兰杰因果关系；而全国不是辽宁的格兰杰原因，只有当时期够长的时候，全国对辽宁的影响作用才体现出来。脉冲响应分析结果表明，来自辽宁省农副食品加工业的冲击能快速传递到全国层面，而反向的传递速度要慢和响应幅度要小一些。

6.2.2　食品制造业

利用同样的思路对辽宁省和全国的食品制造业关系进行分析。

统计分析表明，辽宁省和全国的食品制造业的各自 11 个经济指标存在较为严重的相关性；各自相应 KMO 检验统计量的值都大于 0.5，且 Bartlett 检验统计量对应的 P 值都为 0，因此适合对它们进行因子分析。为了分析的便利，分别提取一个公因子作为辽宁省和全国食品制造业发展综合水平的衡量指标。从表 6-12 可以看到，辽宁省和全国的公因子 Ln _ sp 和 Qg _ sp 对 11 个指标具有很好的代表性，基本涵盖了它们所有的信息。

表 6-12 辽宁省和全国的食品制造业因子分析的成分矩阵

	辽宁省公因子 Ln _ sp	全国公因子 Qg _ sp
企业单位数：个	0.354	0.827
工业总产值：亿元	0.702	0.425
资产总计：亿元	0.850	0.982
流动资产合计：亿元	0.990	0.980
负债合计：亿元	0.952	0.994
所有者权益：亿元	0.797	0.986
主营业务收入：亿元	0.995	0.993
主营业务成本：亿元	0.996	0.993
主营业务税金及附加：亿元	0.986	0.990
利润总额：亿元	0.973	0.987
本年应交增值税：亿元	0.833	0.994

ADF 单位根检验表明，辽宁省和全国食品制造业的综合因子都是不平稳的变量，而且都是在二阶差分后才平稳，所以都是二阶单整序列。从图 6-6 可以看到，两个综合因子有协同变化关系。进一步的协整检验表明（表 6-13）两者之间存在协整关系。这表明，辽宁省食品制造业发展水平与全国食品制造业发展水平之间存在长期稳定的均衡关系，彼此不能脱离对方太远，也不能脱离对方太久，相互之间是彼此依存和影响的关系。

表 6-13 辽宁省和全国食品制造业综合因子的协整关系检验

原假设：协整关系个数	特征根	迹统计量	5%的临界值	*P* 值
无*	0.713 252	16.947 25	15.494 71	0.030 0
至少 1 个	0.053 025	0.708 267	3.841 466	0.400 0

注：* 表示在 5%的显著水平上拒绝原假设；** 表示 MacKinnon-Haug-Michelis (1999) p-values。

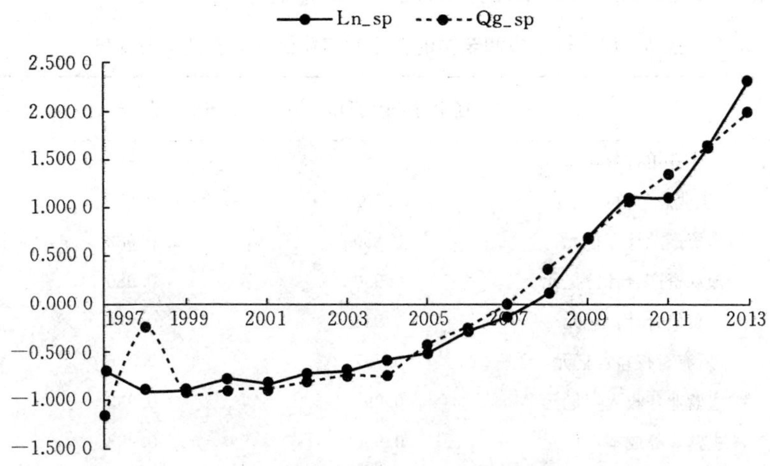

图 6-6　1997—2013 年辽宁省和全国食品制造业综合因子

进一步格兰杰因果关系检验表明（表 6-14）：第一，当滞后期为最优滞后期（3 期）的时候，原假设“全国不是辽宁的格兰杰原因”被拒绝，即全国食品制造业发展是辽宁省食品制造业发展的格兰杰原因，这表明，以前（比如 3 期前，这里是 3 年前）的全国食品制造业发展水平有助于解释当期（今年）辽宁食品制造业的发展水平；或者，全国食品制造业当前的发展水平会影响到以后辽宁食品制造业的发展水平；总之，全国食品制造业发展对辽宁发展水平有显著的刺激影响。同时，我们不能拒绝“辽宁不是全国的格兰杰原因”的原假设，即我们不能根据以前的（当期）辽宁食品制造业的发展情况预测当前（以后）全国的发展情况。同样，两者之间没有双向的因果关系。第二，当滞后期为 1 期或者 2 期的时候，存在辽宁是全国的单向格兰杰因果关系，即辽宁省的食品制造业发展水平有助于我们理解全国食品制造业发展水平。第三，综合来说，短期看，辽宁省食品制造业发展对全国农副食品加工的发展有显著影响，而反过来不成立；如果从更长的眼光看，全国食品制造业的发展水平还是对辽宁省的发展水平有相当的影响。这种结果可能意味着，短期看，辽宁省食品制造业的发展能为全国发展带来活力，但长期来看，辽宁省食品制造业的发展还需要从全国发展中汲取营养。

表 6-14 辽宁省和全国食品制造业综合因子（Ln _ sp 和 Qg _ sp）的格兰杰因果关系检验

滞后阶数	原假设	F 统计量	相应 P 值	是否拒绝原假设
1	全国不是辽宁的格兰杰原因	2.749 16	0.121 23	否
	辽宁不是全国的格兰杰原因	29.581 0	0.000 11	是
2	全国不是辽宁的格兰杰原因	1.230 20	0.332 92	否
	辽宁不是全国的格兰杰原因	4.351 25	0.043 70	是
3	全国不是辽宁的格兰杰原因	7.032 98	0.016 13	是
	辽宁不是全国的格兰杰原因	0.527 60	0.677 32	否
4	全国不是辽宁的格兰杰原因	4.071 60	0.101 30	否
	辽宁不是全国的格兰杰原因	0.237 89	0.903 40	否

注：这里最优滞后期是 3 期；检验结果以 10%的显著水平为依据。

脉冲响应分析发现，当辽宁省食品制造业有一个正向标准差的变化后（图 6-7），全国食品制造业会做出正向冲击，这种冲击响应幅度不大，几乎在小幅波动中一直持续。这表明，辽宁省食品制造业对全国食品制造有影响，但是冲击不大。另一方面（图 6-8），当全国食品制造业有一个积极向上的发展变化的话，辽宁省的食品制造业能在当期快速做出正向反应，而且这种影响逐渐增加到第 3 期，随后小幅下滑，又于第 4 期开始较大幅度的持续增长。显然，全国食品制造业的发展水平对辽宁省食品制造业的冲击影响是很明显的。

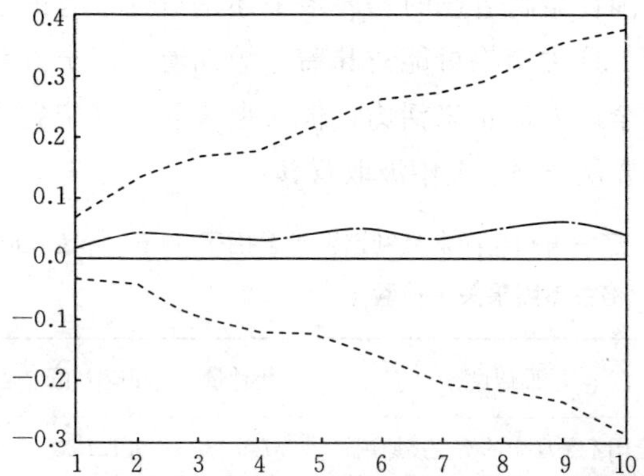

图 6-7　全国食品制造业对辽宁省食品制造业变化的脉冲响应图

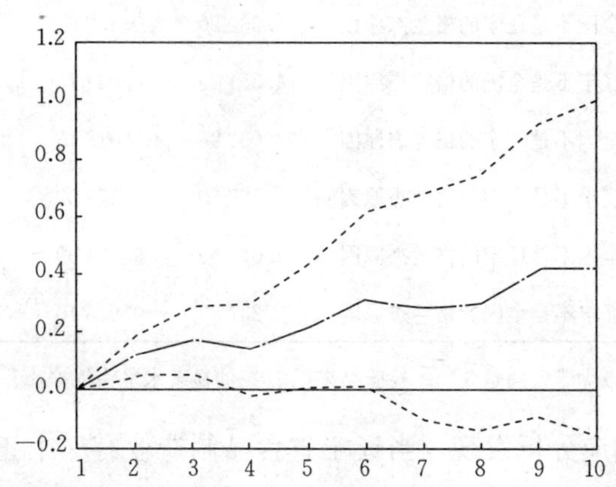

图 6-8　辽宁省食品制造业对全国食品制造业变化的脉冲响应图

6.2.3　橡胶和塑料制品业

统计分析表明，辽宁省和全国的橡胶和塑料制品业的各自 11 个经济指标存在较为严重的相关性；各自相应 KMO 检验统计量的值都大于 0.5，且 Bartlett 检验统计量对应的 P 值都为 0，因此适合对它们进行因子分析。同样，分别提取一个公因子作为辽宁省和全国橡胶和塑料制品业发展综合水平的衡量指标。从表 6-15 可以看到，辽宁省和全国的公因子 Ln _ xj 和 Qg _ xj 对 11 个指标具有很好的代表性，基本涵盖了它们所有的信息。

表 6－15　辽宁省和全国的橡胶和塑料制品业因子分析的成分矩阵

	辽宁省公因子 Ln _ xj	全国公因子 Qg _ xj
企业单位数：个	0.589	0.764
工业总产值：亿元	0.582	0.486
资产总计：亿元	0.805	0.983
流动资产合计：亿元	0.993	0.983
负债合计：亿元	0.908	0.993
所有者权益：亿元	0.887	0.943
主营业务收入：亿元	0.988	0.990
主营业务成本：亿元	0.988	0.981
主营业务税金及附加：亿元	0.964	0.971
利润总额：亿元	0.980	0.981
本年应交增值税：亿元	0.773	0.992

ADF 单位根检验表明，辽宁省和全国橡胶和塑料制品业的综合因子都是不平稳的变量，而且都是在二阶差分后才平稳，所以都是二阶单整序列。从图 6－9 可以看到，两个综合因子有协同变化关系。进一步的协整检验表明（表 6－16）两者之间存在协整关系。这表明，辽宁省橡胶和塑料制品业发展水平与全国橡胶和塑料制品业发展水平之间存在长期稳定的均衡关系，彼此不能脱离对方太远，也不能脱离对方太久，相互之间是彼此依存和影响的关系。

表 6－16　辽宁省和全国食品制造业综合因子的协整关系检验

原假设：协整关系个数	特征根	迹统计量	5%的临界值	*P* 值
无*	0.596 631	14.229 90	15.494 71	0.076 8
至少 1 个	0.039 937	0.611 350	3.841 466	0.434 3

注：* 表示在 5%的显著水平上拒绝原假设；** 表示 MacKinnon-Haug-Michelis (1999) p-values。

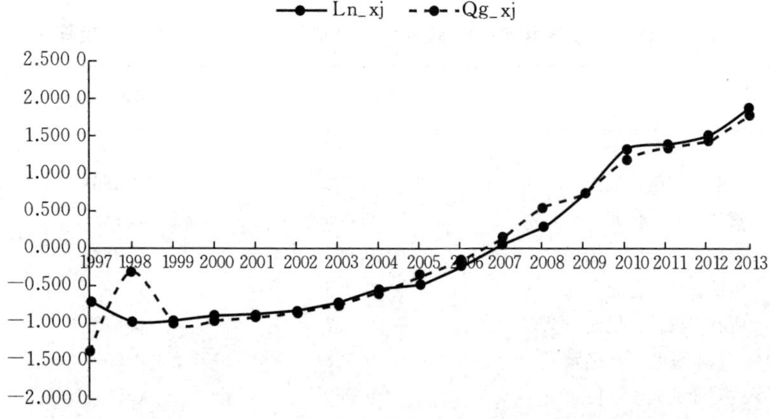

图 6－9　1997—2013 年辽宁和全国橡胶和塑料制品业综合因子

进一步格兰杰因果关系检验表明（表 6－17）：第一，当滞后期为最优滞后期（1 期）的时候，两个原假设都被拒绝，这不同于前面的农副食品加工业和食品制造业，辽宁省和全国的橡胶和塑料制品业之间存在“双向”的格兰杰因果关系，即互为因果，这表明辽宁省和全国的橡胶和塑料制品业的任何一方有所发展都会对另一方产生一定的影响和冲击，而且这种相互影响和冲击是统计显著的。第二，当滞后期为 3 期或者 4 期的时候，只存在全国是辽宁的单向格兰杰原因，即当期（或者以前）的全国橡胶和塑料制品业发展有助于解释以后（或者当前）的辽宁省橡胶和塑料制品业发展水平。第三，综合来说，不管短期还是长期，全国橡胶和塑料制品业发展对辽宁的发展水平有显著的解释和预测作用，而辽宁则只在短期内会对全国有所影响。这个结论意味着，总的来说，辽宁省的橡胶和塑料制品业深深受到全国橡胶和塑料制品业发展水平的影响，不断从中汲取营养。

表 6-17　辽宁省和全国橡胶和塑料制品业综合因子（Ln _ xj 和 Qg _ xj）格兰杰因果关系检验

滞后阶数	原假设	F 统计量	相应 P 值	是否拒绝原假设
1	全国不是辽宁的格兰杰原因	4.402 07	0.056 00	是
	辽宁不是全国的格兰杰原因	32.675 3	7.1E-05	是
2	全国不是辽宁的格兰杰原因	2.283 67	0.152 44	否
	辽宁不是全国的格兰杰原因	5.344 16	0.026 39	是
3	全国不是辽宁的格兰杰原因	4.492 39	0.046 55	是
	辽宁不是全国的格兰杰原因	1.902 29	0.217 65	否
4	全国不是辽宁的格兰杰原因	8.110 78	0.033 50	是
	辽宁不是全国的格兰杰原因	3.478 59	0.127 30	否

注：这里最优滞后期是 1 期；检验结果以 10%的显著水平为依据。

进一步的脉冲响应分析发现，当辽宁省橡胶和塑料制品业有一个正向标准差的变化后（图 6-10），全国橡胶和塑料制品业会在当期做出正向冲击，这种冲击经过一期的快速增长后，于第二

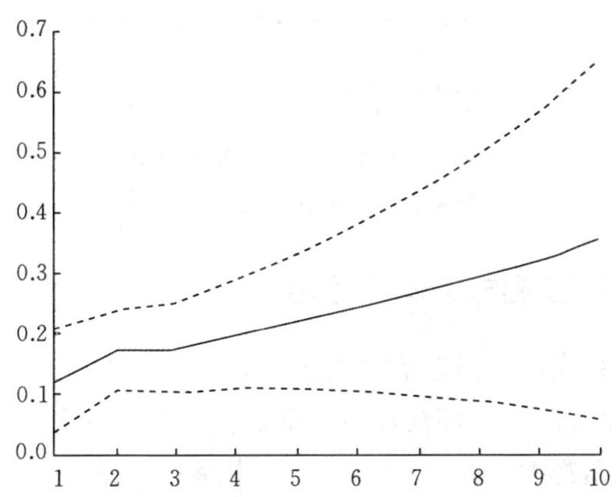

图 6-10　全国橡胶和塑料制品业对辽宁省橡胶和塑料制品业变化的脉冲响应图

期开始以较慢的速度缓慢增长，一直持续。这表明，辽宁省橡胶和塑料制品业对全国食品制造有较大的、持续的冲击和影响。另一方面（图6-11），当全国橡胶和塑料制品业有一个标准差的正向冲击后，辽宁省的橡胶和塑料制品业能在当期以快速做出幅度较大的正向反应，这种冲击随后就有所回落，到第三期又开始反弹，以一种平稳的速度持续增加下去。不可否认，全国橡胶和塑料制品业的发展水平对辽宁省橡胶和塑料制品业的冲击影响是更大的，这很大程度上验证了前面的格兰杰因果关系检验结果。

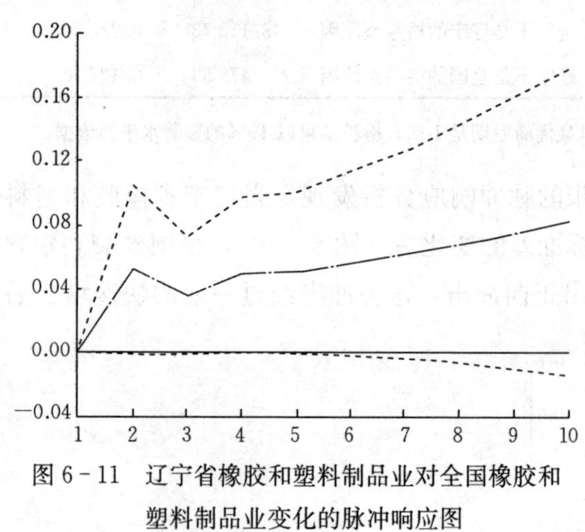

图6-11　辽宁省橡胶和塑料制品业对全国橡胶和塑料制品业变化的脉冲响应图

6.2.4　木材加工和竹藤棕草制品业

统计分析表明，辽宁省和全国的木材加工和竹藤棕草制品业的各自11个经济指标存在较为严重的相关性；各自相应KMO检验统计量的值都大于0.5，且Bartlett检验统计量对应的P值都为0，因此适合对它们进行因子分析。同样，分别提取一个公因子作为辽宁省和全国木材加工和竹藤棕草制品业发展综合水平的衡量指标。从表 6-18 可以看到，辽宁省和全国的公因子 Ln _ mc 和 Qg _ mc 对 11 个指标具有很好的代表性，基本涵盖了它们所有的信息。

表 6-18 辽宁省和全国的木材加工和竹藤棕草制品业因子分析的成分矩阵

	辽宁省公因子 Ln _ mc	全国公因子 Qg _ mc
企业单位数：个	0.508	0.851
工业总产值：亿元	0.700	0.494
资产总计：亿元	0.722	0.986
流动资产合计：亿元	0.990	0.984
负债合计：亿元	0.876	0.992
所有者权益：亿元	0.774	0.989
主营业务收入：亿元	0.986	0.985
主营业务成本：亿元	0.986	0.985
主营业务税金及附加：亿元	0.990	0.992
利润总额：亿元	0.978	0.980
本年应交增值税：亿元	0.813	0.988

ADF 单位根检验表明，辽宁省和全国木材加工和竹藤棕草制品业的综合因子都是不平稳的变量，而且都是在二阶差分后才平稳，所以都是二阶单整序列。从图 6-12 可以看到，两个综合因子有协同变化关系。进一步的协整检验表明（表 6-19）两者之间存在协整关系。这表明，辽宁省木材加工和竹藤棕草制品业发展水平与全国木材加工和竹藤棕草制品业发展水平之间存在长期稳定的均衡关系，彼此不能脱离对方太远，也不能脱离对方太久，相互之间是彼此依存和影响的关系。

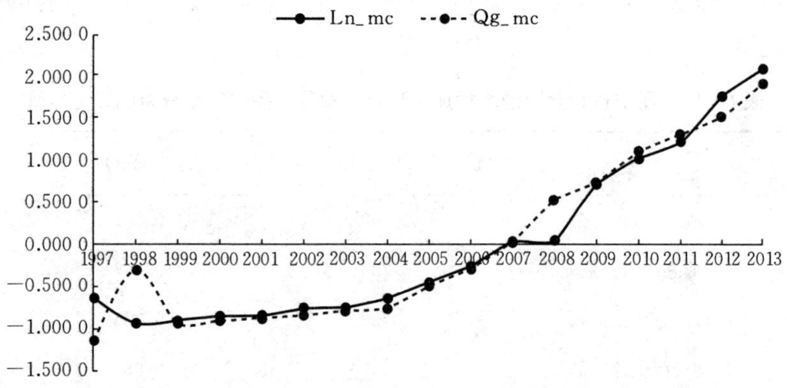

图 6-12　1997—2013 年辽宁省和全国木材加工和竹藤棕草制品业综合因子

表 6-19　辽宁省和全国木材加工和竹藤棕草制品业综合因子的协整关系检验

原假设：协整关系个数	特征根	迹统计量	5%的临界值	*P* 值
无*	0.687 973	16.884 02	15.494 71	0.030 7
至少 1 个	0.125 502	1.743 372	3.841 466	0.186 7

注：* 表示在 5%的显著水平上拒绝原假设；** 表示 MacKinnon-Haug-Michelis (1999) p-values。

进一步格兰杰因果关系检验表明（表 6-20）：第一，当滞后期为最优滞后期（3 期）的时候，“全国不是辽宁的格兰杰原因”的原假设被拒绝，即全国的木材加工和竹藤棕草制品业是辽宁的格兰杰原因，因此，当期的（或者以前）的全国木材加工和竹藤棕草制品业发展有助于解释以后（或者当前）的辽宁省木材加工和竹藤棕草制品业发展水平。而反过来的影响关系不明显，至少在统计上不显著。第二，当滞后期为 1 期的时候，两者之间存在“双向”的因果关系，即全国和辽宁的木材加工和竹藤棕草制品业之间存在相互影响，互为因果的关系。这表明，辽宁省和全国的木材加工和竹藤棕草制品业的发展水平相互之间在短期内能产生明显的影响和冲击。第三，综合来说，木材加工和竹藤棕草制品这个农产品加工行业，全国的发展水平对辽宁的发展水平有更明显的影响，前者对后者的影响要比后者对前者的影响更明显，或者说更大程度上是后者从前者汲取影响。

表 6-20　辽宁省和全国木材加工和竹藤棕草制品业综合因子（Ln _ mc 和 Qg _ mc）的格兰杰因果关系检验

滞后阶数	原假设	F 统计量	相应 P 值	是否拒绝原假设
1	全国不是辽宁的格兰杰原因	7.567 19	0.016 51	是
	辽宁不是全国的格兰杰原因	21.883 4	0.000 43	是
2	全国不是辽宁的格兰杰原因	1.009 56	0.398 69	否
	辽宁不是全国的格兰杰原因	5.280 68	0.027 21	是
3	全国不是辽宁的格兰杰原因	5.098 81	0.035 07	是
	辽宁不是全国的格兰杰原因	2.799 02	0.118 38	否
4	全国不是辽宁的格兰杰原因	2.218 28	0.229 65	否
	辽宁不是全国的格兰杰原因	2.376 93	0.211 14	否

注：这里最优滞后期是 3 期；检验结果以 10%的显著水平为依据。

进一步的脉冲响应分析发现，当辽宁省木材加工和竹藤棕草制品业有一个正向标准差的变化后（图 6-13），全国木材加工和竹藤棕草制品业会在当期做出正向冲击，这种冲击经过一期的快速增长后迅速回落，从第三期开始平稳缓慢持续增加。另一方面（图 6-14），当全国木材加工和竹藤棕草制品业有一个标准差的正向冲击后，辽宁省的木材加工和竹藤棕草制品业呈现了一种明显的单调线性响应，而且一直持续下去。综合看，全国对辽宁的影响更直截了当一些。

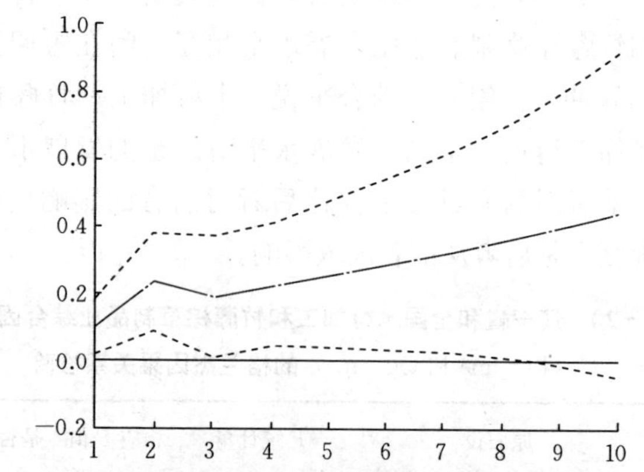

图 6-13　全国木材加工和竹藤棕草制品业对辽宁省木材加工和竹藤棕草制品业变化的脉冲响应图

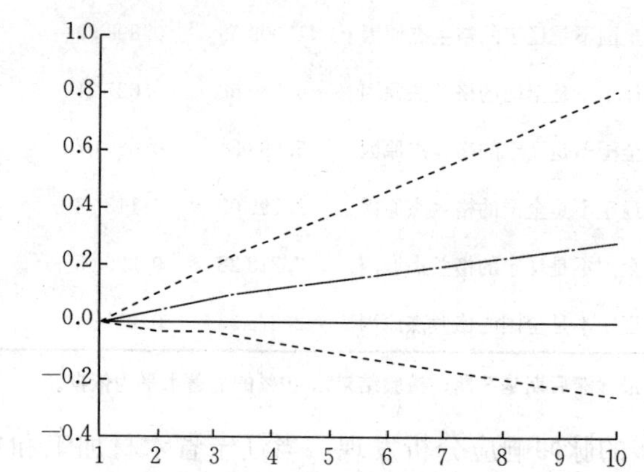

图 6-14　辽宁省木材加工和竹藤棕草制品业对全国木材加工和竹藤棕草制品业变化的脉冲响应图

6.3　本章总结

本章借助多元统计分析中的因子分析法，对辽宁省和全国的 4 个重点农产品加工行业（农副食品加工业、制品制造业、橡胶和塑料制品业以及木材加工和竹藤棕草制品业）的 11 个方面的经济指标进行了降维处理，分别提取出一个公因子作为相应行业综合发展水平的衡量指标。然后，利用宏观时间序列计量经济学中单位根检验、协整检验和格兰杰因果关系检验等方法考察辽宁省和全国 4 个行业的综合指标之间的关系。因为 4 个行业属于辽宁省农产品加工业的重点和代表性行业，在很多方面的占比都较明显，所以可以根据 4 个行业的研究结果对辽宁省农产品加工业与全国农产品加工业的关系做一个初步推断。

第一，辽宁省农产品加工业与全国农产品加工业之间存在长期稳定的协整关系。这表明，辽宁省的农产品加工业发展水平可能在短期内高于全国水平，进而对其形成拉动作用，但是随着时间推移，或者随着其他地区水平的提升，这种优势将逐渐消减，最终使两者的农产品加工业发展水平回到一种均衡关系上。当然，如果全国农产品加工业的发展水平远远高于辽宁省的发展水平的话，前者必然会对后者形成一种激励和刺激，最终后者会赶上前者，两者关系再次回到均衡关系上。这个结论意味着，我们应该把辽宁省的农产品加工业发展放到全国的层面加以考察，抛开全国单独发展必然跑不远，落后全国太远也必然不被允许，两者应该追求一种相互促进、相互依赖的融合发展目标。

第二，总体来讲，短期内，辽宁省农产品加工业对全国农产品加工业的冲击影响是明显的；但长期来看，辽宁省的发展还是在全国发展中汲取了更多的营养。如前述章节看到的，辽宁省在很多细分行业都具有相当的优势，这些行业的发展必然对全国同行业的发展形成有效的带动和激励作用，这种背景下辽宁省农产品加工业似乎是全国农产品加工业发展的某种“原因”，至少可以根据当期（或者以前）的辽宁省发展水平去大胆预测以后（或者当前）的全国发展水平，似乎是一种“发动机”或者“领头羊”的角色。但是，不管哪个细分行业，随着时间的推移，这个行业短期内呈现的那种辽宁省对全国的带动冲击逐渐削减，最终被来自全国的冲击淹没了；或者说辽宁省农产品加工业对全国农产品加工业进行了短期的带动和冲击后，总得暂停下来进行短暂的休息，同时表现出在全国农产品加工业发展中汲取影响、休养生息的一种现象。

综上，辽宁省农产品加工业与全国农产品加工业的关系可以总结为：辽宁省农产品加工业已经很好地融入了全国农产品加工业的发展，形成了你中有我我中有你的长期稳定关系；而且辽宁某些农产品加工行业不时地给全国相应行业带来正面冲击；但时间一长，力量不足的特征还是表现了出来。所以，辽宁省的农产品加工业依然有很大的发展空间。

第七章　农产品加工业发展的决定因素分析

如前面章节论述的，辽宁省农产品加工业发展取得了巨大的成绩，但也存在显著的地区差异；而且，农产品加工业内部各细分行业的发展也有巨大差距。那么，不同地区、不同行业的农产品加工企业发展水平是哪些因素导致的就是亟待回答的问题。或者，一个地区只有具备哪些条件才能更好地促进农产品加工产业的发展也是在当前大力推进农业现代化，实现农民快速增收，进而全面实现小康社会大背景下应必须回答的问题。为此，本章将基于前述章节论述的发展现实，进一步考察农产品加工业发展的决定因素。这不但有助于理解现存的地区发展差异，更能为全省农产品加工业发展政策找到更精准的发力点，也能为全国农产品加工业发展政策提供有意义的实证依据。

7.1　数据说明

本章的研究目标是利用相关数据建立计量模型，实证分析农产品加工产业发展的决定因素，进而为下一步的发展政策提供实证依据。为此，我们搜集了辽宁省农产品加工产业发展的相关数据。这些数据包括两个部分：

第一部分是辽宁省农业委员会关于全省及沈阳、大连、鞍山等 14 个地区农产品加工业的年度监测数据。这些数据涵盖各地区农产品加工产业的企业单位个数、企业工业总产值等主要经济指标。这些经济指标基本反映了当地农产品加工产业的发展水平。但，由于特殊原因，我们不能获得2011年的数据，所以本章分析所用数据是2010年、2012年和2013年组成的面板数据。不可否认，这些数据基本能反映辽宁省“十二五”期间农产品加工业的发展全貌，而且这些数据是截至目前，比《辽宁省统计年鉴》更具有针对性、更能反映辽宁全省及各地区农产品加工业发展及其变迁的数据。据此展开分析具有一定的可靠性和前沿性。

第二部分数据是来自于相应年份的《辽宁省统计年鉴》。这些数据包括辽宁省14个地区的农业发展、工业发展、教育水平和社会民生保障水平等所有可能会对农产品加工业发展产生影响的变量。例如，沈阳、大连等14个地区的工业企业利润总额、粮食产量、肉类总产量和失业保险全年参保人数等变量。本章拟利用这些变量对各地区的农产品加工业发展水平进行解释。

7.2 理论逻辑

根据我们的数据可以看到（图7-1），辽宁省14个地区的农产品加工业发展存在明显差异。总体看，沈阳排名第一，其次是大连，第三是锦州，最后是葫芦岛。以2013年为例，沈阳农产品加工企业总产值为2 794亿元[①]，大连为2 486亿元，排名第三的锦州不足千亿元，而排名最后的葫芦岛的农产品加工业企业总产值不足百亿元。那么，这些地区农产品加工业发展的巨大差距是否有其必然的规律呢?

本章尝试从各地区的农业发展水平、工业发展水平、相关领域全社会固定资产投资水平、居民收入水平、与人力资本相关的教育水平、农产品加工产业所处的经济环境和社会环境等7个方

① 数据来源：辽宁省农委加工局监测数据，2014年。

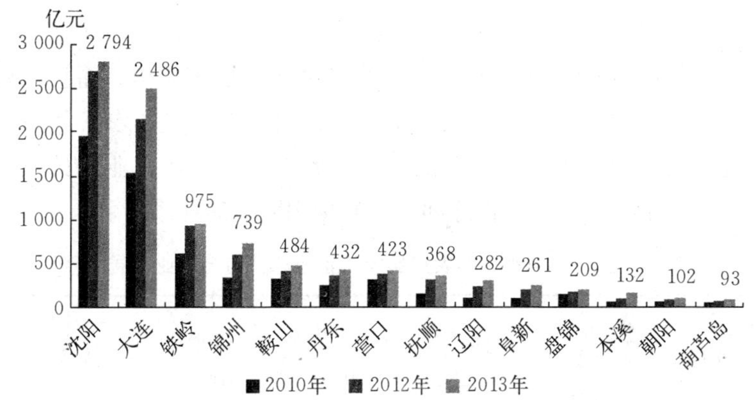

图 7-1　2010 年、2012 年和 2013 年辽宁省各地区农产品加工企业总产值

注：本表按照 2013 年数据对地区排序。

面理解农产品加工业的发展。在数据可得的条件下，为了防止变量之间因为多重共线性带来估计效率损失，我们将对每个方面选择最具有代表性和说服力的变量进行分析。

7.2.1　农业发展水平与农产品加工业

农产品加工业是以农、林、牧、渔产品及其加工品为原料所进行的工业生产活动的总和。因此，从经济学理论上讲，农业初级产品的多少会影响农产品加工业的生产资料的配置。某个地区进行农产品加工业发展必然受其能否获取某种生产资料影响，在封闭的经济系统中，某地能生产的初级农产品种类也完全决定了当地发展何种农产品加工业行业。如果流通运输成本为零，这一影响将不复存在。以流通运输成本为主的交易成本大小必然会对初级产品与农产品加工业的关系产生影响。这无疑是一个需要定量实证的问题。

为此，这里将重点考察辽宁省 14 个地区的粮食产量、蔬菜产量、肉类产量是否会对各地农产品加工业发展形成影响，以及形成什么样的影响。从简单的统计描述来看（表 7－1），14 个地区在粮食产量、蔬菜产量、肉类产量等方面存在显著差异。而且，总体看，相比粮食产量和蔬菜产量来说，肉类总产量与农产品加工企业的总产值呈现比较明显的正相关关系。而一产就业人员占比与农产品加工企业总产值之间并没有特别明显的规律关系。

表 7－1　辽宁省各地区的农产品加工企业总产值与农业发展水平①

地区	农产品加工企业总产值（亿元）	粮食产量（万吨）	蔬菜总产量（万吨）	肉类总产量（万吨）	一产就业人员占比（%）
沈阳	2 489.69	369.77	498.93	97.47	20.97
大连	2 059.69	155.73	252.43	76.83	14.83
铁岭	844.79	360.40	361.20	103.13	40.90
锦州	564.68	238.77	351.27	69.20	40.73
鞍山	406.26	124.80	228.97	58.43	28.20
营口	373.08	68.53	84.07	21.53	—
丹东	356.69	87.60	101.23	30.70	35.73
抚顺	276.99	61.87	44.70	17.03	27.37
辽阳	202.08	88.00	85.70	15.87	33.27
阜新	187.90	249.77	114.90	46.20	33.90
盘锦	182.28	107.87	127.40	19.23	40.47
本溪	99.32	25.83	20.80	11.80	19.37
朝阳	86.35	255.50	442.20	57.00	41.23
葫芦岛	69.84	120.17	224.63	44.60	40.60

注：本表数据是 2010 年、2012 年和 2013 年三年平均数。

① 数据来源：《辽宁省统计年鉴》，（2010—2014）。

7.2.2 工业发展水平与农产品加工业

农产品加工业相比传统农业来说，对技术、资本和管理经验都有更高的要求。那么，是否工业的发展水平能对农产品加工业产生明显影响？本章选取最能反映工业发展水平的全部规模以上工业企业年利润总额进行考察。高的利润从很大程度上反映了该企业或者该行业的资本、技术和管理等优势。从图 7 - 2 可以看到，某个地区的工业企业利润总额与该地农产品加工企业总产值呈现明显的正相关关系。例如，三年（2010 年、2012 年和 2013 年）平均来看，沈阳的工业企业利润总额 725 亿元，在 14 个地区中高居榜首，相应的，其农产品加工业总产值也高居榜首，为 2 489.69 亿元。毕竟，发达的工业不但能够快速积累资本和技术，也能为其他行业发展提供必要的技术人才和管理经验。当然，这些溢出效应是否显著需要严谨的实证检验。

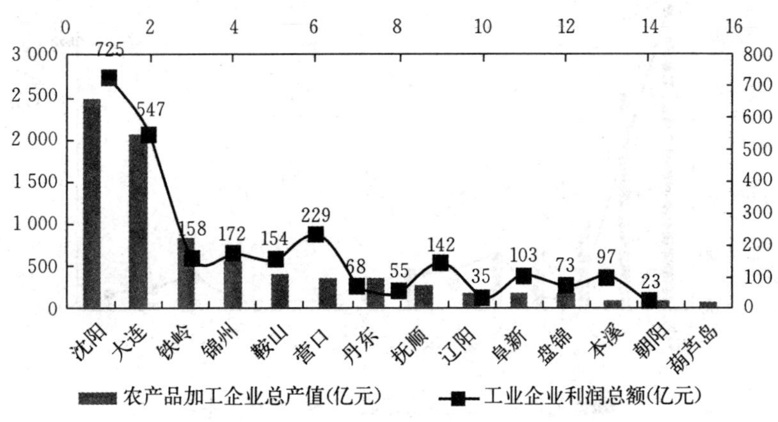

图 7 - 2 辽宁省各地区工业企业利润总额与当地农产品加工企业 3 年总产值平均水平

注：工业企业利润总额对应右侧纵坐标；

本图数据是 2010 年、2012 年和 2013 年三年平均数。

7.2.3 固定资产投资与农产品加工业

经济增长理论表明，投资是拉动经济发展的重要力量。为此，我们有必要考察各地区与农产品加工业发展紧密相关的几类投资是否与该地农产品加工业发展水平有显著关系。具体的，选取反映农业本身的农林牧渔业的全社会固定资产投资、反映市场便利性等交易成本特征的批发和零售业全社会固定资产投资和反映微观市场投资主体活跃程度的私营个体企业中农户的全社会固定资产投资三个指标进行分析。例如，从图 7-3 可以看出，农产品加工企业总产值与批发和零售业的全社会固定资产投资之间存在比较明显的正相关关系。沈阳的批发和零售业全社会规定资产投资最高，大连次之，相应的，沈阳的农产品加工业企业总产值也最高，大连次之。

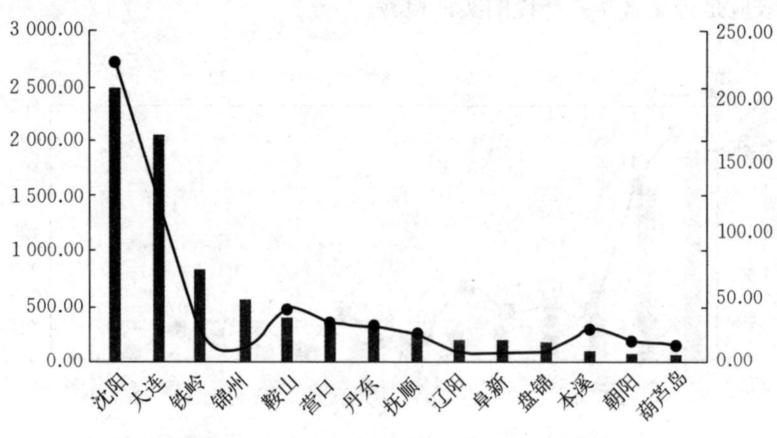

图 7-3 辽宁省各地区农产品加工企业总产值与当地批发和零售业的全社会固定资产投资（亿元）

注：批发和零售业对应右侧纵坐标；

本图数据是 2010 年、2012 年和 2013 年三年平均数。

7.2.4 居民收入水平与农产品加工业

根据经济学理论，收入水平的提高会导致消费的升级，这或许会影响农产品的消费需求，进而影响农产品加工业的发展。根据产业发展和集聚规律，农产品加工业发展初期往往更易集聚在居民收入和支出较高的地区。本章选取农民家庭人均纯收入和城市居民平均每人全年消费支出两个变量进行考察。如表 7-2 所示，14 个地区的农民家庭人均纯收入和城市居民平均每人全年消费支出有巨大的差异。特别的，相比其他地区来说，沈阳和大连的城市居民平均每人全年消费支出具有明显的优势，这或许会对农产品加工业产生一定的影响。

表 7-2 辽宁省各地区农产品加工企业总产值与居民收入水平

地 区	农产品加工企业总产值（亿元）	农民家庭人均纯收入（元）	城市居民平均每人全年消费支出（元）
沈阳	2 489.69	12 511.30	20 532.70
大连	2 059.69	15 341.30	20 022.80
铁岭	844.79	10 059.00	12 099.50
锦州	564.68	10 227.00	14 349.40
鞍山	406.26	12 024.70	15 851.60
营口	373.08	11 539.30	15 047.90
丹东	356.69	10 863.30	13 195.50
抚顺	276.99	9 525.00	13 038.90
辽阳	202.08	10 552.30	13 806.50
阜新	187.90	8 361.00	12 252.70
盘锦	182.28	12 382.30	16 986.30
本溪	99.32	10 283.00	15 349.10
朝阳	86.35	8 260.00	10 900.80
葫芦岛	69.84	8 502.33	12 434.90

注：本表数据是 2010 年、2012 年和 2013 年三年平均数。

7.2.5 人力资本水平与农产品加工业

根据经济增长理论，人力资本是重要的生产要素。某地农产品加工业发展水平可能会受到当地人力资本水平的影响。由于当前阶段辽宁省农产品加工业发展所需人才大多数并不是高学历的人才，因此，本章选取各地区都有的①能全面反映某地人力资本一般水平的高中毕业生数变量进行分析；同时，选取能更好反映某地中等专业人才储备水平的中等职业毕业生数来进行分析。从图7-4可以粗略看到，高中毕业生数和中等职业毕业生数两个变量之间具有比较一致的变化趋势，但它们与农产品加工企业总产值之间的关系并没特别明显的规律。例如，沈阳和大连两地的三个指标都具有绝对优势，但是尽管铁岭的农产品加工企业总产值

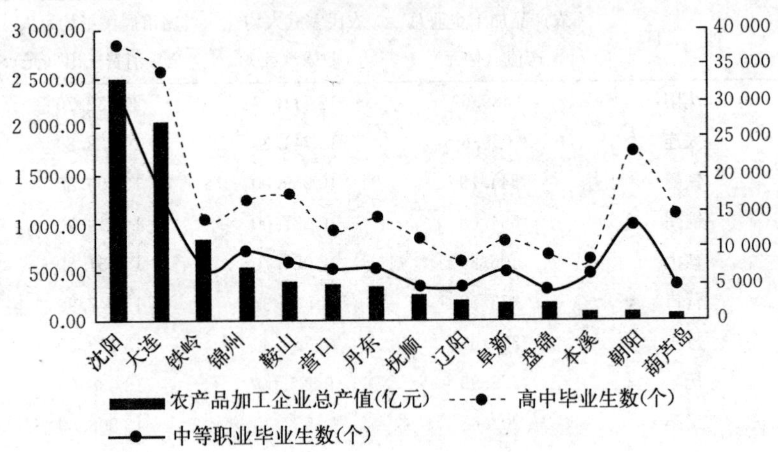

图7-4 辽宁省各地区农产品加工企业总产值与人力资本水平

注：高中和中等职业毕业生数对应右侧纵坐标；

本图数据是2010年、2012年和2013年三年平均数。

① 我们认为大学生毕业人数并不是一个很好指标，因为14个地区的大学数量具有显著差异，故不能较好反映某地人力资本的一般水平。

排名第三，但其两个毕业生数的优势并不明显。更明晰的规律尚需要严谨的计量分析。

7.2.6 外围经济环境与农产品加工业

为了考察外围经济环境对农产品加工业发展的影响，我们用批发业、零售业销售总额衡量农产品加工业产品市场所处环境；用实际利用外商投资额刻画投资环境，以及外资可能带来的技术溢出效应等；用国内旅游接待人数从某种程度衡量当地农产品加工业产品需求水平；用金融机构贷款余额考察金融环境对农产品加工业的影响。

例如，从图 7－5 可以看出，某地限额以上零售业商品销售总额与其农产品加工企业总产值基本呈正相关关系。同样的，从图 7－6可以看到，某地的实际利用外商投资额与其农产品加工企业总产值也有较为明显的正相关关系。但是，从图 7－7 可知，国内旅游接待人数并没有与农产品加工企业产值呈现明显同步变化，而是出现多次的波动。

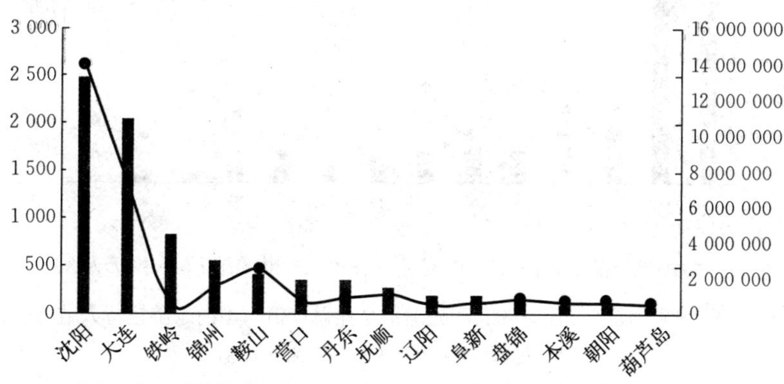

图 7－5　辽宁省各地区农产品加工企业总产值与限额以上零售业商品销售总额

注：限额以上零售业商品销售总额对应右侧纵坐标；

本图数据是 2010 年、2012 年和 2013 年三年平均数。

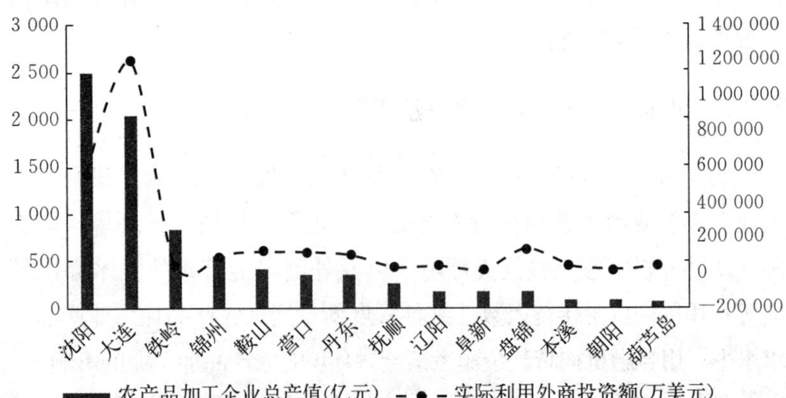

图 7-6　辽宁省各地区农产品加工企业总产值与实际利用外商投资额

注：实际利用外商投资额对应右侧纵坐标；

本图数据是 2010 年、2012 年和 2013 年三年平均数。

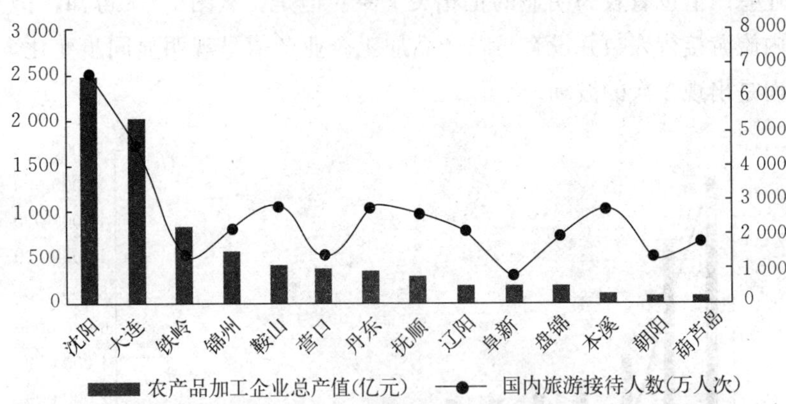

图 7-7　辽宁省各地区农产品加工企业总产值与国内旅游接待人数

注：国内旅游接待人数对应右侧纵坐标；

本图数据是 2010 年、2012 年和 2013 年三年平均数。

7.2.7　外围社会环境与农产品加工业

进一步的，我们用某地失业保险、医疗保险和基本养老保险的年末参保人数衡量当地的民生保障环境。正如经济学理论所强调的那样，尽管失业保险对劳动者再就业至关重要，但其难免对劳动者再就业积极性形成负面影响。而医疗保险在很大程度上反映了一个地区医疗保险水平，这对劳动者的健康水平及其保障能力起至关重要的作用，这或许将对该地吸引农产品加工业的创业资本和人才能力有所影响。同样的，某地基本养老保险水平或许也是人才流动的重要因素。这些社会环境或许会对农产品加工业发展形成一定影响。

7.3　计量分析

7.3.1　模型设定

上一节利用简单的统计描述考察了相关变量之间的关系，提供了一些粗略的直观感觉，而且由于所用数据是三年平均值，难免会影响对这些因素与农产品加工业发展之间关系的判断。这也是接下来计量分析部分的意义所在。

根据前面理论逻辑，设定如下模型：

$$Y_{it}=\alpha_0+\alpha_1\times x_{it}^1+\sum_{j=2}^{20}\alpha_j\times x_{it}^j+f_i+u_{it}\quad(7-1)$$

模型（7－1）中，Y 是被解释变量，表示农产品加工企业总产值。下标 i 表示第 i 个地区，$i=1$，2，…，14，分别表示沈阳、大连、鞍山、抚顺、本溪、丹东、锦州、营口、阜新、辽阳、盘锦、铁岭、朝阳和葫芦岛。下标 t 表示第 t 年，$t=2010$，2012 和 2013。模型共包括农业发展水平、工业发展水平、农产品加工业外围的经济和社会环境等 7 方面 20 个解释变量。上标 j 表示第 j 个解释变量，$j=1$，2，…，20。例如，x^1 表示第 1 个解释变量，即粮食产量，α_1 是其相应的系数，如果 α_1 显著不为零，则表明粮食产量对农产品加工业总产值有显著的影响，如果 $\alpha_1>0$，则表明粮食产量的增加会导致农产品加工业产值的增加，反之，则反是。f_i 表示第 i 个地区不随时间变化的固定效应，例如某地那些影响农产品加工产业发展的文化习俗、软制度等因素，都将被控制。u_{it} 是随机扰动项。

所有回归变量的统计描述见表 7－3。

表 7－3　回归分析变量统计描述

变　量	单位	平均数	标准差	最小值	最大值
农产品加工企业总产值	亿元	610.01	796.30	46.30	2 794.35
粮食产量	万吨	173.44	111.16	21.70	400.70
蔬菜产量	万吨	221.03	154.23	20.40	573.00
肉类总产量	万吨	50.03	30.85	11.40	113.40
一产就业人员占比	%	32.02	9.15	13.10	43.20
工业企业利润总额	亿元	184.41	213.37	−49.97	772.45
农林牧渔业全社会固定资产投资	亿元	48.41	59.57	8.57	237.55
批发和零售业全社会固定资产投资	亿元	43.88	69.77	1.65	334.96
私营个体企业中农户的全社会固定资产投资	亿元	187 854	111 209	25 531	572 000
农民家庭人均纯收入	元	10 738.86	2 673.52	6 142.00	17 717.00
城市居民平均每人全年消费支出	元	14 815.57	3 609.25	9 047.36	24 633.70
高中毕业生数	个	17 039.97	9 451.52	7 701.00	39 147.00
中等职业毕业生数	个	9 912.16	7 681.73	3 587.00	34 011.00
限额以上批发业商品销售总额	万元	8 777 770	16 900 000	349 691	66 000 000
限额以上零售业商品销售总额	万元	2 560 232	4 110 358	231 923	17 000 000

（续）

变　量	单位	平均数	标准差	最小值	最大值
实际利用外商投资额	万美元	193 506	337 433	11 013	1 400 000
国内旅游接待人数	万人次	2 567.49	1 611.06	658.30	7 574.10
金融结构贷款余额	万元	18 900 000	28 500 000	3 600 000	100 000 000
失业保险年末参保人数	万人	47.81	37.75	21.00	136.60
医疗保险年末参保人数	万人	162.48	131.99	68.30	484.80
基本养老保险年末参保人数	万人	103.33	84.78	41.40	345.80

7.3.2 估计方法

面板数据介绍（Panel Data Model）。面板数据计量模型是最近几十年来发展起来的新的统计方法，面板数据可以控制那些不随时间发生变化但影响被解释变量的不可观测效应，进而可以得到一致估计；而且，还可以克服时间序列分析受多重共线性的困扰，能够提供更多的信息、更多的变化、更少共线性、更多的自由度和更高的估计效率。面板数据模型主要包括固定效应模型（Fixed Effect Model）、随机效应模型（Random Effect Model）2种。其中，固定效应模型是运用最多的模型，也是最能体现面板数据价值的模型。

本章估计方法。从理论上来说，因为固定效应方法有助于我们控制上述方程中的那些不随时间发生变化但影响农产品加工业发展的因素；而且，现实中一些重要因素，例如是外出打工还是当地就业等文化习俗可能会影响当地的农产品加工业发展，因此需要对它们进行控制。但这样的因素我们无法观测，或者找不到相应的衡量指标，甚至努力后仍找不到满意的工具变量，那么非面板数据无法对其进行控制，进而不能得到一致的估计结果。而本书的3年面板数据使得我们可以对这些因素进行控制，进而得到更一致估计。因此，从理论逻辑上讲，本章将采用固定效应估计方法。

Hausman 检验。进一步的，我们将利用 Hausman 检验在固定效应和随机效应模型之间进行选择。如果 Hausman 检验统计量对应的 P 值很小，那么可以拒绝随机效应与固定效应估计无差异的原假设，进而应该采用固定效应估计，否则采用随机效应估计更有效率。

所以，我们将分别用随机效应和固定效应方法估计模型（7-1），然后用 Hausman 检验在两个模型结果间进行选择。

7.3.3 估计结果

从表 7-4 可知，Hausman 检验结果表明应以固定效应模型估计结果为准。模型总体估计结果良好，调整拟合优度为 0.972，而且方程总体显著性的 F 统计量对应的 P 值为 0，表明所有解释变量联合起来对被解释变量具有显著的影响作用，包括在模型中的 20 个解释变量解释了农产品加工企业总产值变化的 97.2%，模型整体运行良好。具体估计结果表明：

表 7-4 辽宁省农产品加工企业总产值决定因素的固定效应估计

解释变量	固定效应估计
粮食产量	-6.761^{***} / (1.501)
蔬菜产量	-3.324^{***} / (0.561)
肉类总产量	25.164^{***} / (5.383)
一产就业人员占比	−2.039/ (6.373)
工业企业利润总额	1.642^{***} / (0.174)
农林牧渔业全社会固定资产投资	-25.207^{***} / (3.181)
批发和零售业全社会固定资产投资	6.641^{***} / (0.939)
私营个体企业中农户的全社会固定资产投资	−0.001/ (0.002)

（续）

解释变量	固定效应估计
农民家庭人均纯收入	−0.199*** / (0.020)
城市居民平均每人全年消费支出	0.173*** / (0.020)
高中毕业生数	−0.042** / (0.014)
中等职业毕业生数	−0.101*** / (0.018)
限额以上批发业商品销售总额	−0.000*** / (0.000)
限额以上零售业商品销售总额	0.000*** / (0.000)
实际利用外商投资额	0.007*** / (0.002)
国内旅游接待人数	0.111* / (0.058)
金融机构贷款余额	−0.000/ (0.000)
失业保险年末参保人数	−67.980*** / (18.854)
医疗保险年末参保人数	17.479*** / (4.002)
基本养老保险年末参保人数	−11.908** / (4.091)
常数项	3 709.031*** / (892.309)
拟合优度 R^2	0.988
调整拟合优度 R^2	0.972
F 统计量	15.95
F 统计量对应的 P 值	0.007 8
Hausman 检验统计量对应的 P 值	0.000 0

注：小括号中所有标准误都是稳健标准误，***、** 和 * 分别表示在 1%、5%和 10%的显著水平上显著。

第一，农业本身发展水平对农产品加工业有显著影响，不同类别的农产品影响也不同。

从表 7－4 可知，粮食产量、蔬菜产量和肉类总产量三个变量的系数都是显著的，即它们对农产品加工企业总产值有显著的影响。例如，变量肉类总产量的系数为 25.164，且在 1%的显著水平上高度显著。这表明，在控制其他因素不变的情况下，那些肉类总产量（猪牛羊肉）高的地区，其农产品加工企业总产值就高。同时发现，在控制其他条件不变的情况下，粮食产量和蔬菜产量对农产品加工业发展是负的影响作用，而且也是高度显著的。三个结论从很大程度上验证了前述章节的发现，即辽宁省的农产品加工业是以农副食品加工业为主的，而且其中又是肉类加工为主的特征。结合前面数据可以发现，铁岭、朝阳等地在粮食、特别是蔬菜产量方面具有相当优势，而这些农业产品主要直接运往沈阳、大连等大城市，或者运到这些地方再进行农产品加工。三种农产品比较而言，肉类更容易实现当地深度工业生产。

另外，变量一产就业人员占比对农产品加工业的影响是负的，但这种影响在统计上不显著。这表明，一个地方的第一产业就业人员比重并不是影响农产品加工业发展的重要因素。即使有影响，反而起负的影响。这或许表明，一产就业人员占比越高，该地从业人员的人力资本结构越不利于农产品加工业的发展。

第二，工业发展水平对农产品加工业发展具有显著的积极作用。变量工业企业利润总额的系数为 1.642，且在 1%的显著水平上显著。这表明，在控制其他因素不变的情况下，一个地区的工业企业所创造的利润总额每增加一个单位，该地的农产品加工业企业总产值将增加 1.642 个单位。这表明，一个地方如果能够提高工业竞争力，从而产生更多的利润总额，那么，这个地方的农产品加工业有望得到更好的发展。这或许是因为高工业利润表明高资本、技术和管理经验的积累，因而外溢到农产品加工领域的技术和管理经验也是高的。

第三，不同行业和类别的全社会固定资产投资对农产品加工业有不同的影响，直接投向第一产业（农林牧渔）的固定资产投资起负作用，而提升市场流通和交易能力的批发和零售业全社会固定资产投资产生显著的积极作用。变量农林牧渔业全社会固定资产投资的系数为－25.207，而且在1%的显著水平上显著，这表明一个地方在农林牧渔业上的全社会固定资产投资越多，其农产品加工企业总产值越低，这或许表明给定固定资产投资总额度情况下，农林牧渔业上占用的投资额度越多，对农产品加工业产生的“挤出效应”越大。但与此相反的是，批发和零售业全社会固定资产投资的系数显著为正，这表明，对批发和零售业的全社会固定投资越多，不但不产生挤出效应，反而如理论预期的那样，这些投资因为提升了当地的市场流通便利性，农产品加工产业也受到了额外的恩惠和激励。而私营个体企业中农户的全社会固定资产投资对农产品加工不产生显著影响。

第四，居民收入水平对农产品加工业有显著的影响作用：城市居民消费支出越大的地方农产品加工业产值越大，但农民家庭人均纯收入越低的地方农产品加工业产值才越大。变量城市居民年人均消费支出的系数为0.173，在1%的显著水平上显著。这表明，在保持其他条件不变的条件下，一个地方的城市居民消费支出越多，该地农产品加工业产值越高。这或许因为高的城市居民消费支出地区具有较高的消费需求和能力，进而农产品加工业产品才有较好的市场需求和销路，从而快速发展。另一方面，农民家庭人均纯收入变量系数是显著负的，这或许表明，相对城镇居民来说，辽宁省当前阶段农产品加工业发展是农村居民增收的重要手段和工具。在某个收入水平区间内，收入越低越有激励通过发展农产品加工业来达到增收的目的。无论如何，居民收入水平不但意味着消费能力，也意味着增收激励，而这都将对农产品加工业形成冲击。

第五，不同的人力资本教育对农产品加工业发展有不同的影响。高中毕业生数是显著负的，即一个地区的高中毕业生数越多，该地农产品加工业产值越低。这或许表明，在当前大学教育录取比例很高的情况下，高中毕业生——更多是人力资本储备而不是现成的从业人员——越多意味着较高质量的人力资本发生外流越严重，反而不利于当地的相关产业发展。而中等职业毕业生数的负影响则表明，一个地区中等职业教育对农产品加工业没有形成积极的影响。究其原因是因为辽宁省当前的职业教育专业设置以加工制造、信息技术和医药卫生三大类为主，在人力资本数量给定情况下，这些专业人才越多意味着这些行业将比较发达，这必然挤占农产品加工业所需要的各类资源（包括资本、技术和人才），因此形成了这里“人才挤出效应”①。我们想强调的是，这只是根据样本期数据所发现的结论，并不建议辽宁省去改变这个结论。我们相信，辽宁省的产业发展有其相应的优势布局规律，更何况辽宁本来就是老工业基地。这里的结论只是表明，农产品加工业发展如理论预期那样，确实受到人力资本教育，进而人才资源的影响。如果一个地方想快速推进农产品加工业，也必然有相应的人才政策才能成行。

第六，一个地区的经济发展环境对其农产品加工业发展有重要影响。

变量限额以上批发业商品销售总额显著为负，而与此相反，零售业商品销售总额显著为正。这表明，在控制其他条件不变的情况下，如果一个地区的批发业商品销售总额越多，该地农产品加工业产值越低，而如果该地零售业商品销售总额越多，其农产品加工业产值越高。这是本章发现的一个十分值得玩味的结果。批发业和零售业是社会化大生产过程中的重要环节，是决定经济运行速度、质量和效益的引导性力量。相比零售业而言，批发业是更上游的一个环节。这里的结论表明，批发业这个环节显然是

① 根据2014年《辽宁省统计年鉴》，2013年辽宁省中等职业学校毕业生数为127 767人，其中加工制造、信息技术和医药卫生类毕业生分别占比18.44%、12.88%和12.07%，三项合计43.4%，而农林牧渔业类毕业生占比11.82%，至于能流入农产品加工业的人数比重会更低。

增加了农产品加工业这个行业[①]产品到最终消费者的交易成本，或者降低了农产品加工业生产者的利润，提高了消费者的价格，这也是我们所见到的鼓励农副产品直接进行农超对接政策出台的原因。与此形成鲜明对比的是，这里的零售业商品变量是显著为正的。毕竟零售业几乎是面对农产品加工业产品消费者的最后一道环节了，其发达程度直接反应农产品加工业产品的销售平台发达程度，其越发达，这些农产品越容易流向消费者，进而出现了这里的积极作用。根据这个结论，可以预期，随着电商下乡的推进，农产品加工业也将有更大的发展机遇。

变量实际利用外商投资额的系数为0.007，且在1%的显著水平上高度显著。这表明，一个利用外商投资越多的地区，其农产品加工业发展成绩也不逊色。但我们想强调的是，与其说外商直接投资带来了更好的技术和管理——进而外溢到农产品加工业，促进其快速发展，不如说外商直接投资的流入是因为该地区更好的投资经济环境——这才是让农产品加工业有激励在该地生根发芽的根本原因。所以，农产品加工业并不是一个特例行业，促其发展需要在经济环境营造上下工夫。

国内旅游接待人数变量“出奇”为正，且在10%的显著水平上显著。如果考虑到当前“接二连三”[②] 现代农业发展思路，将旅游、人文等文化因素融入农产品加工业生产的话，进而赢得游客的青睐一点都不“出奇”。这个结论预示我们，农产品加工业的发展不能局限于传统的农业发展思路，要走一条与工业、文化产业

① 不可否认，农产品加工业具有其特殊性，其产品大多可以直接食用，或者大多数产品存在时效性，或者因为这些产品是直接进肚而少经一些环节更加安全可靠，等等。

② 2015年中央1号文件、2015年农业部文件《农业部关于进一步调整优化农业结构的指导意见》都特别强调要延伸拓展农业多功能，依托龙头企业将产业链、价值链与现代产业发展理念和组织方式引入农业，延伸产业链、打造供应链、形成全产业链，促进一、二、三产融合互动。

高度融合的第六产业[①]发展道路，那样必将有更广阔的发展前景。

尽管在统计上不显著，但金融机构贷款余额变量为负。这表明，一个地区金融机构贷款余额越多，农产品加工企业总产值越低。这个结论再次印证农业发展，包括农产品加工业一直面临的融资困境依然存在。资本有限的情况下，如何将其配置到或者能让其自由流动到农产品加工业是一个值得继续思考的问题。

第七，一个地区的社会发展环境对其农产品加工业发展有重要影响。

失业保险变量的估计系数是－67.980，且在1%的显著水平上显著。在控制其他因素不变的情况下，失业保险参与人员越多的地方，其农产品加工企业总产值越低。或许这是经济学理论所预计的失业保险对劳动就业有消极作用的又一例证。可以想象，尽管失业保险能够对劳动者的再就业有较好的缓冲作用，但是这种所谓的“保护”却也会削减“大众创业、万众创新”的斗志。这个结论的寓意在于，一个地区要发展农产品加工业需要合适的失业保险政策以配套。

医疗保险变量的系数为17.479，且在1%的显著水平上显著。这表明一个地方医疗保险实力越强，该地农产品加工业发展水平越高。毕竟好的医疗保障水平是任何一个就业者，特别是技术类人才留在家乡或者以此为家而放心投身产业发展的必要条件。

养老保险变量为负，且在5%的显著水平显著。这可能是因为养老保险参保人员越多，表明这个地区劳动力老龄化比较严重，

---

① 20世纪90年代，日本东京大学名誉教授、农业专家今村奈良臣，针对日本农业面临的发展窘境，首先提出了“第六产业”的概念。就是通过鼓励农户搞多种经营，即不仅种植农作物（第一产业），而且从事农产品加工（第二产业）与销售农产品及其加工产品（第三产业），以获得更多的增值价值，为农业和农村的可持续发展开辟光明前景。因为按行业分类，农林水产业属于第一产业，加工制造业则是第二产业，销售、服务等为第三产业。“1+2+3”等于6，“1×2×3”也等于6。这就是“第六产业”的内涵。

而这对农产品加工业产生了一定的消极影响。

7.3.4 稳健性检验

为了检验上述计量模型估计结果的稳健性，本节建立如下模型：

$$Z_{it} = \beta_0 + \beta_1 \times x_{it}^1 + \sum_{j=2}^{20} \beta_j \times x_{it}^j + f_i + v_{it} \quad (7-2)$$

其中，被解释变量 Z_{it} 表示第 i 地区第 t 年的农产品加工企业个数，其他被解释变量与模型（7－2）中完全一样。

我们同样用随机效应和固定效应方法估计（7－2），然后用 Hausman 检验确定选择哪个估计结果。如果估计结果依然支持上述计量结果，则表明上述分析基本可靠。需要特别说明的是，正如第三章看到的，辽宁省的农产品加工企业个数在样本期内是下降，但它们相应的资产总值、工业总产值以及创造的税收都是增加的，所以，我们预计模型（7－2）估计相关变量的系数符号可能与模型（7－1）的结果正好相反。

总体来看，从表 7－5 可以发现，除了个别变量的显著性发生变化外，几乎所有变量的符号和显著性，特别是其所映射的涵义都与前面计量结果保持一致。因此，前述分析基本可靠。例如，表 7－5 中，一产就业人员占比这个变量的系数由表 7－4 中的－2.039（不显著）变成 3.710，且在 5%的显著水平上显著，这个结论意味深长：如果从农产品加工企业个数角度讲，一产就业人员占比越多的地方，其农产品加工企业个数越多，但这些企业相应的工业总产值却未必越高。这表明，也正如前述章节阐明的，辽宁省农产品加工业发展正在经历一个由量到质的蜕变过程。而从农产品加工产业的发展质量讲，一产就业人员占比不应该是一个十分重要的决定因素。另外，工业企业利润总额这个变量也变成－0.418，且依然统计显著。这表明，工业企业利润高的地方，难于容忍或者不会给小、散、乱的农产品加工企业太多机会，这样的地区因为较好的工业发展已经具有了十分挑剔的资本、也具有只追求更现代发展的相关技术和管理人才，这些都意味着该地区应该具有一个产值更高，而不是企业个数更多的有竞争力的农产品加工产业。

表 7-5　辽宁省农产品加工企业个数决定因素的固定效应估计

解释变量	固定效应估计
粮食产量	1.832** / (0.601)
蔬菜产量	0.897/ (0.572)
肉类总产量	−7.744* / (4.007)
一产就业人员占比	3.710** / (1.625)
工业企业利润总额	−0.418** / (0.156)
农林牧渔业全社会固定资产投资	5.160* / (2.881)
批发和零售业全社会固定资产投资	−1.374/ (1.226)
私营个体企业中农户的全社会固定资产投资	0.000** / (0.000)
农民家庭人均纯收入	0.055** / (0.025)
城市居民平均每人全年消费支出	−0.058** / (0.024)
高中毕业生数	−0.007/ (0.013)
中等职业毕业生数	0.017/ (0.015)
限额以上批发业商品销售总额	0.000** / (0.000)
限额以上零售业商品销售总额	−0.000* / (0.000)
实际利用外商投资额	−0.002/ (0.001)
国内旅游接待人数	−0.029/ (0.037)
金融机构贷款余额	−0.000/ (0.000)
失业保险年末参保人数	3.056/ (11.676)
医疗保险年末参保人数	−5.038** / (2.152)
基本养老保险年末参保人数	5.287** / (1.776)
常数项	823.295/ (471.388)

（续）

解释变量	固定效应估计
拟合优度 R^2	0.981
调整拟合优度 R^2	0.957
F 统计量	10.28
F 统计量对应的 P 值	0.017 9
Hausman 检验统计量对应的 P 值	0.002 3

注：小括号中所有标准误都是稳健标准误，*** 、** 和 * 分别表示在 1%、5%和 10%的显著水平上显著。

7.4 本章总结

本章基于相关经济学理论，考虑到辽宁省农产品加工业发展现状及阶段特征，从农业发展水平、工业发展水平、固定资产投资、居民收入水平、人力资本水平以及农产品加工业所处地区的经济和社会环境 7 个方面考察农产品加工产业发展的决定因素。利用辽宁省农业委员会独有的关于辽宁省 14 个地区的 2010—2014 年面板数据，建立计量模型对上述理论逻辑进行了实证检验。

计量分析发现，一个地区的农产品加工业发展会受到当地农业本身发展、工业发展水平、人力资本水平等上述 7 方面的显著影响。

第一，充盈的农业产出是农产品加工业发展的必要基础，但应根据优势农产品类别决定农产品加工业发展的具体行业。产肉大县更适合发展肉类农产品加工业。

第二，产业从业人员结构并不会对农产品加工业发展有特别明显的影响。这表明，农产品加工业发展与劳动力个数相关性不大，而是与劳动力质量有显著正向关系。而且，一个地区要发展农产品加工业要有合适的人才培养和引进政策。一方面，可以通过职业学校的专业设置为农产品加工业发展提供人才；另一方面也要巧妙通过人才政策将本地优秀人才留下或者吸引外地人才到本地进行创业。

第三，发达的工业是农产品加工业发展的重要基础。一个工业发达的地区由于具备丰富的资本和人力资源，所以能更好地发展农产品加工业。但是，我们想强调的是，发达的工业只是能为农产品加工业发展提供所需资本、技术和人才的一条路径，而不是唯一路径。在自然资源、文化资源具有独特优势的地区，或者在那些秉承绿色发展理念的地方，只要能够较好解决资本、技术和人才问题，就能较好地发展农产品加工业。

第四，市场基础设施所决定的交易便利性是影响农产品加工业发展的重要因素。毕竟，任何一个行业发展只有当其产品到了消费者手里才能收回成本，所以，如何降低农产品加工业各类产品到消费者手中的交易成本是一个必须重视的问题。一个地区不但可以通过提升当地的零售行业效率来促进农产品加工业发展，还可以提升农产品加工业品牌化进程，更可以利用网络技术平台将产品销售出去。总之，农产品加工业发展不但要解决好生产问题，还要解决好市场销售问题。

第五，一个地方当然可以通过追求吸引更多的外商投资来达到对当地投资环境、管理环境进行完善修炼，从而让农产品加工业发展在这些外在经济环境上“搭便车”而实现快速发展；但我们更想强调的是，高效和谐的经济环境同样是农产品加工业发展必不可少的“空气”，应在这些方面进行更积极的“环保工作”。

第六，金融发展尽管没有被发现对农产品加工业发展有统计上显著的积极作用，但仍应出台相关政策以激励金融部门为现代农业提供基本服务，更应避免人为的非农部门挤占农业部门金融资源事情发生。

第七，农产品加工业所需人才所处的社会环境对其有重要影响。各地应该在失业保险、医疗保险、养老保险等民生保障方面有所创举，搭建城乡一体的、高效均等的民生保障体系。这必将为农产品加工业释放更多的人力资源。

第八章 结论及建议

8.1 研究结论

本书基于《中国统计年鉴》、《辽宁省统计年鉴》及省农委相关监测数据，从时间数据到面板数据，对辽宁省农产品加工业总体发展及行业结构特征、区域分布的空间特征及全国视角的时间特征变迁进行了梳理和深入的剖析，并在此基础上，对辽宁省农产品加工业与全国的协整关系，辽宁省农产品加工业发展的决定因素进行了实证。通过以上分析形成如下研究结论：

第一，对辽宁省农产品加工业的总体情况、行业结构特征及其变迁分析结果表明：2008—2013 年期间辽宁省规模以上农产品加工企业除了企业单位个数有所缩减外，资产总额、主营业务收入、全部从业人员和利税总额都呈现快速增长态势；辽宁农产品加工业具有以农副食品加工业为主，服装及其他纤维制品制造业、食品制造业为辅，其他行业兼顾的行业结构特征，且这种结构特征比较稳定。

第二，对辽宁省农产品加工业的省内区域分布的空间特征分析表明：辽宁省 14 个地区产业发展差异显著，沈阳和大连的农产品加工业发展水平分别位列一、二，有明显的集聚效应。区域分布的空间特征初步形成了如下态势：第一集团沈阳、大连；是产品加工业优先发展的核心地区；第二集团锦州、鞍山、丹东、营口是产品加工业重点发展的中心地区；第三集团抚顺、铁岭、阜新是产品加工的支撑保障地区；第四集团盘锦、辽阳、本溪、葫芦岛、朝阳是特色农产品加工发展的推动地区。

第三，对辽宁省农产品加工业发展水平进行全国视角的时间特征变迁分析发现：辽宁省农产品加工业所含的2/3行业发展水平都在全国平均水平之上；相比企业单位个数优势来说，在主营业务收入、利润和税收总额等体现行业发展质量方面的优势更加明显；随着时间变迁，这种优势呈上升趋势。

第四，利用因子分析法和协整模型考察了辽宁省和全国农产品加工业之间的关系。通过利用协整模型和格兰杰因果关系检验发现，辽宁省和全国农产品加工业之间存在长期稳定的协整关系；短期看，前者对后者的影响较为明显，而长期看，前者还是在后者的发展中汲取更多营养。

第五，基于辽宁省14个地区2010—2013年的面板数据，对农产品加工业发展决定因素的固定效应模型分析表明：各地区的农业产出水平，工业发展水平，人力资本教育水平，金融、零售业发展程度等外在经济环境，医疗失业保险水平等外在社会环境都对其农产品加工业总产值形成显著影响。

8.2　对策建议

综上研究可以看出，辽宁省农产品加工业应继续融入并引领全国农产品加工业发展。为此，辽宁省应继续在提高农业生产水平，提升工业的带动效应，提高市场流通便利性，健全创新创业的经济环境和社会环境方面出台相关政策；在充分考虑地区差异的条件下，继续对全省农产品加工业在14个地区的空间布局进行优化，从而实现农产品加工业的进一步繁荣发展。

第一，打造区域特色，合理空间布局，优化产业结构。辽宁省有良好的区位优势，漫长的海岸线及发达的交通条件，“一带一路”倡议政策的支撑，为农产品加工业提供了好的机遇。目前辽宁省产品加工业的区域特征已经彰显了强大的发展潜力，应合理进行空间布局，有效地整合资源，大力推动和促进产业聚集，形成良性的产业集群发展；同时打造区域特色，优化产业结构，打造特色的产业结构。

辽宁省东、西、南、北、中各区域各具特色，应充分考虑区域特色，合理进行产业布局，根据优势农产品类别决定农产品加工业发展的具体行业。如辽南海岸线较长，应优先发展水产品、果品及优势出口创汇等农产品加工产业；辽西有丰富的畜产资源，应侧重发展油脂、动物性食品及肉奶加工等农副产品加工业；辽北是重要的粮食基地，应侧重发展粮食制品、饲料加工等农产品加工产业；辽东有丰富的林业资源，可以考虑发展林下经济特色产业，如浆果饮料、坚果加工、食用菌加工等特色农产品加工产业。以沈阳为中心的辽宁中部地区，是重要的农产品集散地和物流中心，应考虑综合性如果蔬食品加工等农产品加工产业的发展和聚集，发挥产业集聚效应。通过合理布局，逐步改变农产品加工业条块分割的局面，优化了产业结构，又有效整合了资源。

第二，依托老工业基地，以工助农，提升工业的带动效应。发达的工业是农产品加工业发展的重要基础。一个工业发达的地区由于具备丰富的资本和人力资源，所以会更好地促进农业以及农产品加工业的发展。辽宁省有雄厚的工业基础和良好的农业资源，通过老工业基地的发展建设，提升工业的带动效应，构建农产品加工业新的增长极和经济增长点。如沈阳，可以抓住发展老工业基地的机遇，以工业优势助推农业，发展具有高新技术支撑的农副产品精深加工。

但是，我们想强调的是，发达的工业只是能为农产品加工业发展提供所需资本、技术和人才，而不是唯一路径。在自然资源、文化资源具有独特优势的地区，或者在那些秉承绿色发展理念的地方，只要能够较好解决资本、技术和人才问题，就能较好地发展农产品加工业。通过上面分析，可以看出，辽宁省农产品加工业纳税能力最强，为国民经济贡献巨大，取之于民用之于民，国家应给予辽宁省提供更好的政策与资金保障来发展老工业基地，以工助农，同时促进农产品加工业更快更好的发展。

第三，建立人才培育机制，打造科技平台。产业的发展，需要人才作为支撑，人力资源是产业发展的重要核心能力之一。农产品加工业发展与劳动力个数相关性不大，但是与劳动力质量有显著正向关系。因此，一个地区要发展农产品加工业就要建立良好的人才培育机制，一方面，可以通过职业学校的专业设置为农产品加工业发展提供人才；另一方面也可以巧妙地通过人才政策将本地优秀人才留下或者吸引外地人才到本地进行创业，为农产品加工业发展提供智力支持。

辽宁省拥有大量的农业高等院校和科研院所，沈阳农业大学、大连轻工学院、辽宁农业职业技术学院等10余所高校都设有涉及农产品加工的食品、生物等专业，能够培育本行业的专业人才。同时辽宁省还拥有食品工业研究所、辽宁省粮食科学研究所、辽宁省农科院加工所、辽宁省纺织科学研究院等科研部门，也具有科研及科技推广的能力，这些都能为辽宁农产品加工业的发展提供重要的科技支撑。要鼓励农产品加工企业在培育自主研发能力的同时，与高等院校、科研院所进行产学研联合，通过资源整合，加快成果转化。

第四，完善市场体系，搭建顺畅的流通渠道。市场体系所决定的交易便利性是影响农产品加工业发展的重要因素。毕竟，任何一个行业发展只有当其产品到了消费者手里才能收回成本，所以，如何降低农产品加工业各类产品到消费者手中的交易成本是一个必须重视的问题。构建完善的市场体系，一方面可以使农产品由田间快速流向加工领域，另一方面也可以促进农产品加工企业进入市场，完成生产力的转化。

辽宁省是东北的重要交通枢纽，以沈阳为中心的内陆城市群及以大连、丹东等为主体的沿海城市群交通便利。可以充分利用地理区位资源，构建农产品消费市场圈和出口市场圈，打造农产品加工集散地和物流中心。如辽南沿海可以形成以水产品、水果生产和创汇农业基地为主的沿海农业加工集散地和物流中心；中部平原可以形成以优质稻米加工、果蔬加工等精品农业基地为主的中部平原农产品加工集散地和物流中心；辽东可以形成立足山区资源优势的浆果饮料加工、食用菌、山野菜深加工等特色产品生产基地为主的特产品加工业和绿色食品加工业集散地和物流中心；在辽西可以形成以优质杂粮加工、动物性食品及肉奶加工等粮牧生产基地为主的畜牧、杂粮农产品加工业集散地和物流中心；在辽北可以形成以粮油加工、饲料加工等粮牧生产基地为主的粮牧农产品加工业集散地和物流中心。

在加强辽宁省农产品市场的基础建设同时，还需要完善和健全，建立良好的市场准入机制及监管机制，注重产品安全，打造有机绿色，树立品牌意识。简化繁琐的进入流程，搭建起顺畅的市场流通渠道。

第五，改善产业发展环境。经济是产业发展的基础，没有资金的投入，就无法完成企业的再生产。而资金的来源，不单单靠企业的自身造血机能和金融机构的借贷职能，也可以通过招商引资来实现企业外部资金的注入。通过追求吸引更多的外商投资来达到对当地投资环境、管理环境的完善和修炼，从而让农产品加工业发展在这些外在经济环境上“搭便车”而实现快速发展。但同时，我们也需强调的是，高效和谐的经济环境同样是农产品加工业发展必不可少的“空气”，应在这些方面进行更积极的“环保工作”。大力开展农产品加工业对外招商。

辽宁省可以通过优质特色农产品生产基地和农产品加工市场体系建设，精心筛选、包装和打造一批重大项目，运用工业园地、加工高地等产业优惠政策，开展农产品加工产业发展的外商引资。通过改善投资环境，搭建引资平台，吸引中外优秀企业在辽宁省投入资金、技术和人才，为辽宁省农产品加工业注入新鲜血液和蓬勃活力。

第六，完善民生保障体系，为产业发展创造良好社会环境。良好的社会环境对农产品加工产业的发展起保障和安定作用。通过上面的分析验证，可以看出，农产品加工业人才所处的社会环境对产业的发展有重要的影响。如何吸引和留住人才是农产品加工业发展的智力前提，而民生保障又是良好社会环境的基础，相关部门应该在失业保险、医疗保险、养老保险等民生保障方面有所创举，搭建城乡一体的、高效均等的民生保障体系，构建吸引人才留住人才的基本环境。通过民生保障体系的建立，构建和谐社会环境，更好地吸引人才和企业来辽宁省创业和发展，为农产品加工业快速发展提供保障平台的环境支撑。

主 要 参 考 文 献

蔡娟．海南省农产品加工业与农民收入相关性研究——基于协整检验和格兰杰因果检验［J］．经济研究导刊，2012（31）：32－35.

陈会英，周衍平，刘肖梅．中国农产品加工产业组织创新与政策选择［J］．经济地理，2004，24（2）：272－235.

陈会英，等．中国农产品加工业发展问题与对策研究［J］．生产力研究，2003（4）：41－43.

陈诗波，李崇光．湖北省农产品加工业发展能力分析［J］．农业经济问题，2007（11）：44－50.

陈玉成，张锐，鲁明，等．试论辽宁省农产品加工业发展的状况及对策［J］．农业经济，2013（10）：48－49.

程广斌．基于SCP范式的新疆农产品加工业产业组织实证分析［J］．新疆农垦经济，2010（2）：32－37，84.

程玉桂．农产品加工产业集群内企业竞合关系分析——基于生态位理论［J］．江西社会科学，2013（6）：229－232.

戴小枫，杜颜坤．我国农产品加工业发展的现状与瓶颈［J］．调研世界，2002（4）：5－8.

戴小枫，杜彦坤．我国农产品加工业发展的国际与国内背景［J］．调研世界，2002（3）：5－7.

房世杰，李志宏，任红松，樊国权．新疆特色农产品加工业现状分析及对策研究［J］．农产品加工（学刊），2014（5）：51－54.

邓宗兵，吴朝影，等．中国农产品加工业的地理集聚分析［J］．农业技术经济，2014（5）：85－97.

刁俊明，钟福生．梅州农产品加工业现状评价与发展对策［J］．农产品加工学刊，2006（12）：66－69.

丁建松，翟印礼，李大兵．辽宁农产品加工业竞争力影响因素及对策［J］．农业经济，2009（1）：59－61.

丁华，郑彪，蔡艳艳．基于SCP范式的农产品加工产业组织研究：综述与拓展［J］．河南工业大学学报（社会科学版），2012（3）：93－96.

张瑜，郝庆升．吉林省农产品加工产业组织分析［J］．当代生态农业，2013（6）：74－85.

杜青林．提高农产品加工程度，增强农业综合生产能力［J］．农产品加工，2005（3）.

杜彦坤．对我国农产品加工业技术创新及产业的思考［J］．调研世界，2000（3）：115－119.

杜彦坤．政策性金融支持农产品加工业发展的政策选择［J］．农业经济问题，2002（5）：40－43.

杜鹰，张红宇，等．中国农产品加工业的发展与政策选择［J］．中国农村经济，1999（12）：4－15.

段慧兰．提升湖南农产品加工业竞争力研究［D］．长沙：湖南农业大学，2011（6）：33－35.

鄂玉江，梅晓岩．抓住时机大力推进辽宁农产品深加工业发展［J］．辽宁经济，2009（3）：10－11.

方伟，张昆，李攀，等．辽宁农产品加工业发展现状及建议［J］．农业科技与装备，2010（7）：15－17.

葛毅强，陈颖．我国农产品加工业的现状、发展前景与科技支持［J］．农业工程学报，2003（2）：1－5.

郭利京，胡浩，杨丽．中国农产品加工业产业关联特征分析［J］．统计与决策，2011（11）：118－121.

郭智强，陈强强，等．甘肃省农产品加工业竞争力评价研究［J］．草业学报，2012（12）：267－274.

韩丹丹．家庭农场背景下河南省农产品供应链整合策略研究［J］．现代商业，2015（21）：26－27.

韩艳旗，韩非，王红玲．湖北省农产品加工业产业基础与综合发展能力研究［J］．农业经济问题，2014（6）：97－102.

张焕裕，万尚钦，彭新德，等．湖南农产品加工业发展的SWOT分析与战略

选择 [J]. 农业现代化研究，2009 (5)：524－529.
崔剑寒，李怀民．山西农产品加工业现状分析 [J]. 山西财经大学学报，2011 (5) 26：28.
何春辉，周发明．我国农产品加工企业发展所面临的困境与对策的研究 [J]. 企业家天地，2007 (10)．
胡定寰，FredGaie，ThomasReardon. 试论“超市＋农产品加工企业＋农户”新模式 [J]. 农业经济问题，2006 (1)．
胡坤，项喜章，吴素春．循环型农产品加工产业集群创新模式研究 [J]. 安徽农业科学，2012 (2)：1120－1122.
黄立新，李华君．山东省农产品加工业发展对经济增长贡献率分析 [J]. 农产品加工，2005 (4)：56－58.
霍影．农产品精深加工产业集群四维旋度螺旋升级路径研究——以黑龙江省为例 [J]. 哈尔滨商业大学学报（社会科学版），2011 (6)：80－85.
姜会明．吉林省农产品加工业发展研究 [D]. 长春：吉林农业大学，2005.
靖飞．辽宁省农产品加工业区域布局研究 [J]. 社会科学辑刊，2009 (6)：117－121.
靖飞，等．辽宁省农产品加工业全要素生产率分析 [J]. 渤海大学学报（哲学社会科学版），2011 (1)．
孔凡真．我国农产品加工业的现状与市场前景 [J]. 山东食品科技，2004 (2)：1－3.
孔晓军，等．发展农产品加工业，促进农村工业化 [J]. 农机化研究，2006 (4)：36－41.
郎付山，陆迁．农产品加工产业集群成长阶段的衰退风险研究 [J]. 河南师范大学学报（哲学社会科学版），2010 (3)：118－121.
李瑾，李树德．农产品加工业发展综合评价指标体系研究 [J]. 农业技术经济，2002 (5)：7－11.
李民，陈清祥．农产品加工业发展趋势与对策探析 [J]. 中国农学通报，2011 (23)：91－95.
李苏，黄成亮．发展农产品加工促进农村经济增长 [J]. 商业经济，2004 (11)．
李延云．以科技创新提升我国农产品加工业的发展水平 [J]. 农产品加工，

2009 (1) .

辽宁省统计局．辽宁省统计年鉴 [M]. 北京：中国统计出版社，2014.

林丽娟．中国农业产业化与发达国家之比较 [J]. 亚太经济，2008 (3)：71-73.

林石龙．农业产业化龙头企业政府财税补贴政策改革：基于农业上市公司的案例分析 [J]. 中国农村经济，2004 (10) .

刘彩云，马殿平，张润清．农产品加工业竞争力分析 [J]. 中国统计，2007 (9)：47-50.

刘冀．浙江省农产品加工业主导产业分析 [J]. 浙江统计，2008 (10)：4-6.

刘金福，于战平．天津市农产品深加工科技产业化模式及对策 [J]. 保鲜与加工，2010 (6)：6-9.

刘君．澳大利亚农业产业化运作及对广西的启示 [J]. 农业经济问题，2011 (5)：60-63.

刘敏芳，刘燕萍，杨公明．浅论农业产业化与发展农产品加工业 [J]. 西北农林科技大学学报，2009 (11)：44-46.

刘明，刘晓红．我国农产品加工贸易存在的问题及对策 [J]. 安徽农业科学，2006 (24)：6675-6676.

刘明国，张海燕．新常态下农产品加工业发展特点分析 [J]. 农业经济问题，2015 (10)：28-34.

刘倩．我国农业加工贸易发展的特点及原因分析 [J]. 甘肃农业，2007 (6)：42-44.

刘日平．大连市农产品加工业现状及发展对策 [J]. 农业工程技术，2008 (10)：45-46.

龙梅．湖南省农产品加工业的现状分析与发展对策 [J]. 农产品加工学刊，2007 (2)：76-78.

吕杰．对辽宁省农产品加工业发展的再认识 [J]. 农业科技与装备，2011 (11)：14-15.

吕立才，黄祖辉．外商直接投资对中国农产品加工业影响的实证研究——增长、国内投资和就业 [J]. 中国农村经济，2006 (5)：19-24.

马成武．农产品加工业竞争优势的理论与实证研究 [D]. 杭州：浙江大学，2006.

马涛．立足本地资源优势，发展农产品加工业［J］．新疆农业科学，2010（5）：189－191.
马晓河．中国农产品加工业的市场供求前景与政策选择［J］．管理世界，2011（2）：15－19.
马众文．学习借鉴法国的经验，加快农业产业化进展［J］．江西农业科技，2010（3）：6－7.
毛建安，蒋军民，孙海东．农产品加工业发展新动向［J］．上海农村经济，2011（2）：42－46.
农业部软科学委员会课题组．中国农产品加工业的发展与政策选择［J］．中国农村经济，1999（12）：4－15.
盘明英．我国农产品加工业的发展与探索［J］．江汉论坛，2006（11）：39－43.
彭志光，范小俊．发达国家农业产业化研究［J］．广西农村经济，2011（5）：37－39.
彭耿，刘芳．产业集聚度测量研究综述．［J］技术与创新管理，2010，31（2）：181－184.
钱丽晓．山东省农产品加工业技术创新能力评价研究［D］．大连：大连工业大学，2012.
乔朋华，王维．农产品加工产业集群技术创新存在的问题与对策——以黑龙江省为例［J］．中国农学通报，2010（16）：450－453.
乔朋华，王维．农产品加工集群发展过程中的主要影响要素研究——基于黑龙江省调查数据［J］．农业经济问题，2011（2）：94－98.
秦建军，武拉平，闫逢柱．产业地理集聚对产业成长的影响［J］．农业技术经济，2010（1）：104－110.
邱丽敏．发展农产品加工业是拉动农村经济发展的动力［J］．经济纵横，2008（2）：79－81.
邱玉杰．我国农产品加工业的现状及发展方向［J］．农业科技与装备，2009（2）：71－72.
曲会朋．吉林省农产品加工业发展对策研究［D］．长春：吉林大学，2009（6）：29－32.
任爱莲．我国农产品加工业自主创新体系研究［J］．安徽农业科学，2009（27）：13261－13263.

阮文彪．以色列的农业产业化经营［J］．安徽农学通报，2011（2）：24－28.
沈国舫．农产品加工与科技创新（一）［J］．储藏加工，2002（1）：26－27.
沈国舫．农产品加工与科技创新（二）［J］．储藏加工，2002（2）：26－27.
沈国舫．农产品加工与科技创新（三）［J］．储藏加工，2002（3）：26.
沈瑛，章云兰．农产品加工业：台湾经验与浙江实践及对策［J］．浙江社会科学，2009（4）：47－50.
时悦，王树锋，王永德．农产品加工转化能力对农业综合生产能力影响分析［J］．农场经济管理，2007（6）：10－11.
宋德军．国外发展农产品加工业给我们的启示［J］．哈尔滨商业大学学报（社会科学版），2009（4）：21－23.
宋帅官，李秀兰，李青．辽宁农产品加工业生产效率分析［J］．农业经济，2009（1）：9－12.
苏海红．青岛农产品加工业的发展与对策［J］．青海社会科学，2008（5）：36－40.
苏黎，柳云波，李素芬．发展农产品加工型民营企业的建议与措施［J］．农业经济，2009（4）：58－59.
苏李，臧日宏．中国农产品加工业竞争力实证分析［J］．国际经贸探索，2010（26）：16－20.
苏李，臧日宏，田国英．中国农产品加工业集聚与绩效评价［J］．软科学，2011（3）：84－87.
苏李，臧日宏．FDI与产业集聚的互动——中国农产品加工业视角［J］．财经科学，2010（5）：85－91.
孙靖萍．辽宁农产品加工业现状及发展方向［J］．经济研究，2008（6）：15.
孙希生，丛佩华，聂继云．我国果蔬及其加工业质量标准化［J］．保鲜与加工，2010（2）：1－3.
孙志亮，杨焕玲．欧盟国家支持农产品加工业发展的税收政策及启示［J］．经济纵横，2007（13）：53－55.
万宝瑞．农产品加工业的发展与政策［M］．北京：中国农业出版社，1999.
万德庆．辽宁省农产品出口现状及对策［J］．农业经济，2013（6）：111－112.
王国扣．我国农产品加工经济结构分析［J］．农产品加工，2008（10）：7－11.
王锦旺，苏晖．农产品加工发展趋势与对策［J］．福建农业科技，2010（5）：

12-15.

王善厚．农业产业化经营概念内涵浅析［J］．山东省农业管理干部学院学报，2008（1）：6-9.

王淑萍．国外农业产业化的启示［J］．广西大学学报（哲学社会科学版），2009（4）：65-68.

王为农，贾玉良．大力发展东北地区农产品精深加工问题研究［J］．经济研究参考，2006（57）．

王瑜．竞争程度、市场需求波动与纵向一体化——来自中国农产品加工业的经验数据［J］．贵州财经学院学报，2012（1）：56-61.

王艳华，王军，张越杰．吉林省农产品加工业全要素生产率变动及其分解分析——基于 Malmquist 生产率指数的实证研究［J］．农业技术经济，2010（10）：108-114.

王志丹，李宗泽，赵慧娥．辽宁省农产品出口贸易发展战略研究［J］．沈阳工业大学学报：社会科学版，2008（4）：305-308.

王志刚，等．农产品加工企业经济行为的博弈论分析［J］．商业研究，2006（24）．

魏益民，万桂林，丁凡．农产品加工业发展现状与趋势分析［J］．农产品加工，2009（3）：48-51.

温玉爱，许玉粉．延边农产品加工业竞争力分析［J］．北方经贸，2015（1）：73，75.

问杨会，汪希成．关于我国农产品加工业技术创新的思考［J］．新疆农垦经济，2008（5）：22-26.

吴显亮．基于 GEM 模型的黑龙江垦区农产品加工产业集群竞争力研究［J］．东北农业大学学报（社会科学版），2013（6）：10-15.

吴学君．中国农产品加工业产业内贸易决定因素的实证分析——基于 1997—2008 年静态面板数据的分析［J］．中央财经大学学报，2011（3）：56-61.

武拉平，刘李峰．北京市发展农产品加工业的思路与对策选择［J］．农产品加工（学刊），2006（2）：46-49.

夏春玉．辽宁省农产品的流通模式与市场体系建设［J］．经济研究参考，2005（74）：34-48.

项喜章，胡坤，吴素春．链条型农产品加工产业集群创新模式研究［J］．安徽农业科学，2012（33）：13641-13643.
许烜，冉玲玲．湖南省农产品加工贸易产业结构升级影响因素的实证分析［J］．农业科技管理，2011（2）：83-85.
许烜．湖南农产品加工贸易的现状及发展对策［J］．特区经济，2011（2）：192-193.
杨艳涛．我国加工农产品质量安全预警警源分析［J］．农业经济问题，2008（10）增刊：157-162.
喻林，张明林．我国农产品加工产业链成长机理研究［J］．统计与决策，2006（10）．
战炤磊．基于集群视角的农产品加工业发展路径研究——以江苏为例［J］．现代管理科学，2012（3）：93-95.
张彩霞．外商直接投资对中国农产品出口贸易结构的影响——基于1982—2006年时间数据的实证分析［J］．生态经济，2010（1）：92-96.
张远重．农产品加工业发展的现状、障碍因素及对策——以荆州市荆州区为例［J］．长江大学学报（社科版），2014（11）：92-95.
张军．发展农产品加工是振兴东北工业的重要组成部分［J］．中国发展，2004（1）：13-20.
张润清，李崇光．中国农产品加工业优先发展的经济学分析［J］．农业经济问题，2004（10）：66-69.
张文松．中国农产品加工业跨越式发展战略研究［J］．未来与发展，2006（5）：41-45.
张霞，鲁德银，蔡根女．湖北省农产品加工产业集群发展与“三农”问题的缓解［J］．西北农林科技大学学报（社会科学版），2007（7）．
张英．辽宁省农产品贸易竞争力分析［J］．山东工商学院学报，2014（6）：50-54.
张玉芬，赵炳南．吉林省农产品加工业经济效益分析及发展预测［J］．农业与技术，2004（24）：44-46.
赵海，张照新．关于增强我国农产品加工业竞争力的思考［J］．宏观经济研究，2010（2）：3-8.
赵海，张照新，赵宏．我国农产品加工业扶持政策研究［J］．经济研究参考，2012（10）：57：48.

赵燃，骆乐，韩鹏．中国农产品加工业技术效率、技术进步与生产率增长［J］．中国农村经济，2008（4）：25－32.

周涛，刘继生．吉林省农产品加工产业集群布局和发展模式研究［J］．地理科学，2013（7）：815－823.

周涛，王娟．农产品加工产业集群模式研究［J］．工业技术经济，2009（11）：21－23.

左娜，王勇．农产品加工产业集群可持续发展的对策探讨［J］．农业经济，2009（4）：90－91.

国家统计局．中国统计年鉴［M］．北京：中国统计出版社，2014.

Alikerem Saysel. Environmental Sustainability in An Agricultural Development Project：A System Dynamics Approach［J］. Journal of Environmental Management，2010（64）：247－260.

Araujo，P. F. C. Agroindustry and Regional Development［J］. Cenrto Luiz Queiroz，1983，75（1）：5－15.

Aziz，M. Amin. Global Market Agroindustry［M］. Jakarta：Bangkit，1993：110.

David C. Lane. The Greater Whole：Towards A Synthesis of System Dynamics Methodology［J］. European Journal of Operational Research，2011（107）：214－235.

Eugenio Diaz-Bonilla，Lucio Reca. Trade and Agro-industrialization in Developing Countries：Trends and Policy Impacts［J］. Agricultural Economics，2009（23）：219－229.

Gerhard Scehiefer. Environmental Control for Process Improvement and Process Efficiency in Supply Chain Management the Case of the Meat Chain［J］. Int. J. Production Economics，2002（78）：197－206.

G. K. Ukibaeva，Z. Kashkinbayeva. The Development of Programme Planning and Forecasting Is Effective Solution of Economic Problems of Regional Agro-industrial Complex（AIC）［C］//Innovative University of Eurasia（东北亚学术论坛 2008 论文集）. Innovative University of Eurasia，2008：3.

James E. Austin. Agro Industrial Project Analysis［M］. The Johns Hopkins University Process，London，1981.

James G. Brown. Agro-industrial Investment and Operations [R]. The World Bank Washington, D. C. 1994, 1-5.

Keith Marsden. Agro-industrial Policy Reviews [M]. Food and Agriculture Organization of the United NationS, Rome, 1998.

Kinsey, J, Will Food Safety Jeopardize Food Security [C]. 25th International Conference of Agricultural Economists, 2003.

Lausehner, R. Agroindustry as A Factor Strengthening the Agricultural Sector [J]. Revista de Economic Rural, 1980. v. 18: 217-23.

Peninon, D. Capital Risk and Technological Innovation in Agroindustry: the American Model [J]. Association Pour la Promotion Industries Agriculture, 1984: 241-249.

Soldano, M, Labartino, N, Rossi, L, Fabbri, C, Piccinini, S. Recovery of Agro-Industrial By-Products for Anaerobic Digestion: Olive Pomace and Citrus Pulp [C]//ETA-Florence Renewable Energies. Abstracts of the 22nd European Biomass Conference and Exhibition. ETA-Florence Renewable Energies, 2014: 1.

United States Department of Agriculture. Food Security Assessment [R]. United States Department of Agriculture, 2002.

Vasant Gnadhi. Agroindustry for Rural and Small Farmer Development: Isuses and Lessons form India [J]. International Food Agribusiness Management Review, 2001 (2): 331-344.

Winhorst, Hans-Wilhelm. Industrialized and Agroindustry [J]. Vechtaer Druckerei and Verlag, 1989: 150.